DUMONT DIREKT

Antwerpen Gent Brügge

Patricia Fridrich

Inhalt

Das Beste zu Beginn

Die belgische Bahn macht mobil
Antwerpen, Gent und Brügge vereinen nicht nur wichtige Kulturschätze, sondern ergänzen sich auch und liegen dicht beieinander. Perfekt, dass Bahnfahren in Belgien günstig ist (10er-Karten oder 50 % Rabatt am Wochenende).

Himmlische Klänge
Zwei Dinge sind typisch belgisch und gehören zusammen: der Belfried und das Carillon, das aus besagtem Belfried erklingt. In Antwerpen läuten die Glocken der Kathedrale, in Brügge die in der Tuchhalle und in Gent können Sie mit einem Aufzug hochfahren, falls ab dem 1. Stock die Stufen zu mühsam werden.

Lichter der Stadt
Nach Einbruch der Dunkelheit, wenn die Gildehäuser, Kirchen und Brücken angestrahlt werden, wirkt Gent fast märchenhaft. Besonders verzaubernd ist das alle drei Jahre stattfindende Lichterfestival, bei dem Künstler aus aller Welt die Schönheiten der Stadt ins Rampenlicht rücken.

Kirche, Küche, Kunst
Flämische Städte sind berühmt für ihre beeindruckende Kunst, ihre alten Gemäuer und ihre vielen Kirchen. Nicht selten macht ein moderner Mix mit trendigem Design und gutem Gastrokonzept die Orte zu Top-Locations: so wie im Antwerpener Sternerestaurant The Jane (► S. 40) oder im Genter Holy Food Market (► S. 76), beides Lokale, die sich in ehemaligen Barockkirchen befinden.

Stille Örtchen
Im Land des Manneken Pis ist es nicht ungewöhnlich, Urinoirs passieren zu müssen, bevor es zur Damentoilette geht. Ladies, sehen Sie darüber hinweg und machen Sie sich nichts daraus – Man(n) ist diskret. Bei aller Freizügigkeit gibt es jedoch eines zu beachten: Vielerorts ist es üblich, für den Toilettengebrauch zu bezahlen. 50 Cent sind die Regel.

Es gibt immer was zu bauen

Die Belgier lieben es umzubauen, neu zu bauen … sowohl der Antwerpener, der Genter als auch der Brügger Bahnhof waren große Bauprojekte. Die Museen und die Kirchen auch. Was Sie bei einem früheren Besuch gesehen haben, mag bei einem erneuten Besuch vielleicht ganz anders aussehen.

!

Feste feiern

Zu jeder Jahreszeit locken in Belgien Festivals und Umzüge. Im Februar versprüht der Brügger Karneval einen Hauch von Venedig, im Sommer lockt Tomorrowland in Boom bei Antwerpen Elektrofans aus der ganzen Welt an und die Gentse Feesten verwandeln die gesamte Altstadt in eine Feiermeile für alle Musikgeschmäcker. Auch religiöse Feste spielen eine Rolle, z. B. die Brügger Heilig-Blut-Prozession (► S. 91), die zum UNESCO-Weltkulturerbe zählt. Ein Überblick über die wichtigsten Feste steht im ausklappbaren Jahreskalender.

Wo David Bowie auf Rubens trifft

Was haben die Pop-Ikone und der flämische Meister gemeinsam? Beide verehrten sie Tintoretto. Bowie besaß sogar einen – und das Antwerpener Rubenshaus (► S. 34) ist seit 2017 um eben jenes Gemälde reicher.

Tramfahren zweimal anders

In Gent fährt die Wassertram, an der Küste die Küstenbahn – während erstere ein Boot ist, ist zweitere eine richtige Straßenbahn, die alle belgischen Küstenorte von der französischen bis zur niederländischen Grenze miteinander verbindet (► S. 94).

Ich lebe im Brüsseler Norden, nah am König und praktisch, um schnell mal nach Antwerpen, Gent oder Brügge zu fahren. Samstags shoppen in Antwerpen und sonntags über Gent und Brügge ans Meer – so sieht mein ideales Wochenende aus.

Fragen? Erfahrungen? Ideen?

Ich freue mich auf Post.

@ *Mein Postfach bei DuMont:*
fridrich@dumontreise.de

Antwerpen, Gent, Brügge

Kennzeichen FL? Als Grundschulkind führte ich vor vielen Jahren – lange vor Google und Wikipedia – mit einem Schulfreund eine erhitzte Diskussion darüber, wofür diese Abkürzung stehe. »Flandern«, behauptete mein Freund – »Liechtenstein«, konterte ich altklug, da ich zu der Zeit gerade alle Länder durchgenommen hatte. Ein eigenes Kennzeichen hat Flandern natürlich nicht, aber Verwechslungen um Flandern habe ich seitdem noch häufiger erlebt: So kündigte zum Beispiel ein Reisebus, den ich neulich in Brüssel gesehen habe, auf seiner Windschutzscheibe eine Reise nach »Belgien und Flandern« an – was natürlich Unsinn ist, da Flandern eine Region in Belgien ist. Leute, die mich fragen, ob ich Flämisch spreche (korrekter wäre »Niederländisch«), verbessere ich schon lange nicht mehr – zumindest nicht, seit ich in Brüssel, der Hauptstadt Flanderns wohne. Die Hauptstadt Flanderns? Ist das nicht Antwerpen? Nein, auch das ist ein Irrglaube, dem manchmal sogar die Belgier selbst aufsitzen: Antwerpen ist lediglich die Hauptstadt der gleichnamigen Provinz Antwerpen.

Provinzhauptstadt der Superlative

Dabei ist Antwerpen von seiner wirtschaftlichen Bedeutung her mit Brüssel messbar – nicht nur allein wegen der Tatsache, dass die Metropole über den zweitgrößten Hafen Europas verfügt. Auch in Mode- und Designfragen ist Antwerpen eine internationale Größe. Und als Diamantenstadt genießt die Stadt an der Schelde Weltruhm: Seit 1447 ist sie der wichtigste Handelsplatz der Welt für die glitzernden Steinchen, die als »a girl's best friend« besungen wurden. Einen nicht minder glanzvollen Ruf genießt die flämische Malerei, deren berühmte Vertreter Rubens, Van Dyck und Brueghel ebenfalls in Antwerpen gewirkt haben. Die Stadt hatte im 15. und 16. Jh. den Rang einer Weltstadt: 1549 wurde hier von Christoph Plantin die bedeutendste Druckerei Europas gegründet. Sie ist noch heute zu besichtigen und wurde als einzige erhaltene Buchdruckerei aus der Zeit der Renaissance und des Barock und als erstes Museum überhaupt im Jahr 2005 in das UNESCO-Weltkulturerbe aufgenommen! 1993 war die Stadt Kulturhauptstadt Europas.

Zwischen Giebelhäusern und Industrialisierung

Alles in allem ein wenig kleiner, dafür aber nicht weniger reich an Geschichte und reizvoll durch die Mischung mit der Moderne, ist Gent. Als eines der wichtigsten Zentren der Industrialisierung konnte Gent an das Goldene Zeitalter anknüpfen und präsentiert sich heute als Stadt, in der alles, was Flandern so angenehm macht, zusammenkommt: traditionelle Giebelhäuser, die Nähe zum Meer, gutes Design, reges Kulturleben und gemütliche Cafés – und das in einer Stadt, die gerade die richtige Größe hat, um alles mit dem *fiets* machen zu können: Sind die Flamen sonst eher weniger fahrradbegeistert als ihre niederländischen Cousins, prägen Fahrräder in Gent doch deutlich öfter das Straßenbild als andernorts – vor allem dank der 44 000 Studenten, die hier leben.

Die Exportschlager Belgiens vereint – doch bieten Antwerpen, Gent und Brügge mehr als Waffeln, Pommes, Bier und Schokolade.

Brügge sehen ... und shoppen

Auch in Brügge wird studiert: Zumindest wer sich für Europapolitik interessiert, wird ans »College of Europe« streben. Die 1949 gegründete Institution, die mittlerweile auch eine Niederlassung im polnischen Natolin bei Warschau hat, gilt als die Kaderschmiede der EU.

Ansonsten aber sind es vor allem Touristen, die durch die mittelalterlichen Gassen der denkmalgeschützten Altstadt laufen. Natürlich ist Brügge die touristischste der drei flämischen Kunststädte. Und scheint es auch manchmal lästig, ist es doch gut so – schließlich war es der Tourismus, der Brügge wortwörtlich aus dem Dornröschenschlaf erweckt hat. Nachdem die Zufahrt zum Meer versandet war, verarmte das einst mächtige Brügge so sehr, dass es im 19. Jh. zu den ärmsten Gemeinden Belgiens zählte. Das Interesse an der Stadt erwachte erst wieder mit dem Ausbau des Hafens Zeebrugge und mit Georges Rodenbachs Roman »Bruges la morte« (Das tote Brügge) von 1892.

Wie eine Replik darauf scheint der Titel »Brügge sehen und sterben«: War die Stadt schon vor dem 2008 erschienen Film ein Muss bei jeder Flandernreise, so hat »In Bruges« (wie der Film im Original heißt) nochmal einen Hype ausgelöst, vor allem in den Wintermonaten. Vier Millionen Touristen kommen jährlich nach Brügge – den Ruf des Freilichtmuseums loszuwerden ist da nicht einfach. Eine Gruppe von Händlern versucht es trotzdem und zeigt, dass die Stadt genauso kreativ und künstlerisch sein kann wie ihre großen Schwestern Antwerpen und Gent: »Handmade in Brugge« lautet das Label, unter dem Sie originelle, nachhaltige Souvenirs mit Lokalbezug von Ihrer Flandern-Tour zurückbringen können – als Alternative zu Pralinen, Bier und Spitzendeckchen.

Antwerpen, Gent, Brügge in Zahlen

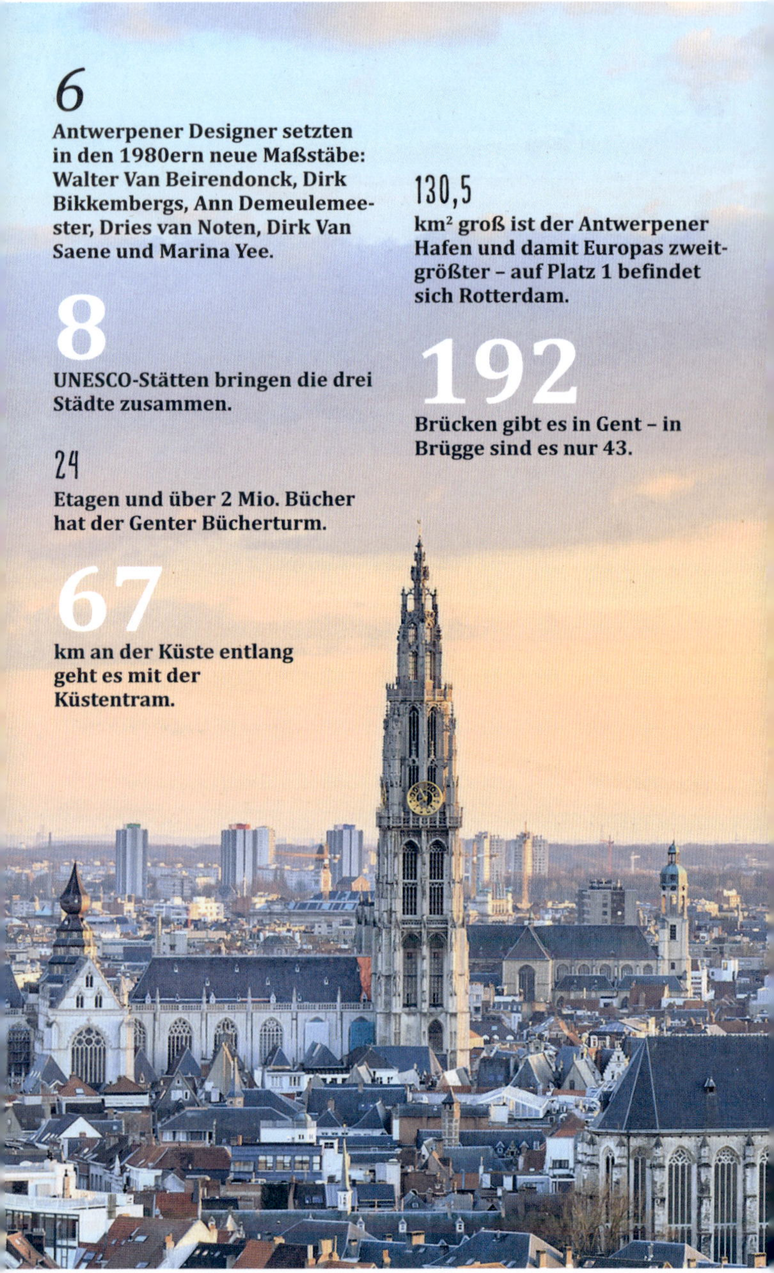

6

Antwerpener Designer setzten in den 1980ern neue Maßstäbe: Walter Van Beirendonck, Dirk Bikkembergs, Ann Demeulemeester, Dries van Noten, Dirk Van Saene und Marina Yee.

8

UNESCO-Stätten bringen die drei Städte zusammen.

24

Etagen und über 2 Mio. Bücher hat der Genter Bücherturm.

67

km an der Küste entlang geht es mit der Küstentram.

130,5

km^2 groß ist der Antwerpener Hafen und damit Europas zweitgrößter – auf Platz 1 befindet sich Rotterdam.

192

Brücken gibt es in Gent – in Brügge sind es nur 43.

366

Stufen muss erklimmen, wer auf dem Brügger Belfried hoch hinaus will.

572

m radelt man unter der Schelde durch den historischen St.-Anna-Tunnel.

1600

Diamantenfirmen gibt es in Antwerpen, dazu vier Börsen und ein Museum.

2000

Werke schuf Rubens in seinem Antwerpener Stadtpalast.

44 000

Studenten studieren in Gent, der größten Unistadt Belgiens.

300 000

t Kakaobohnen werden gleichzeitig in Antwerpen gelagert … und später zu Pralinen verarbeitet!

650 000

Besucher lockt das MAS Museum in Antwerpen pro Jahr an.

4 000 000

Touristen wandeln jährlich durch die Brügger Altstadt.

123

m hoch ist die Antwerpener Kathedrale, Belgiens höchste Kirche.

Ihr Kompass

Womit fange ich an?

#1
Züge, Zoo und Diamanten – **rund um Antwerpen Centraal**

IMPOSANTER EINSTIEG

#2
Zwischen Kunst und Konsum – **Meir und Modeviertel**

ROKOKOHH!

#3
Hand werfen – **Geschichte(n) in Antwerpens Altstadt**

Wer nicht brav ist ... ?

#15
Zeit fürs Meer – **mit der Tram am Strand entlang**

>>> ZUM STADTTARIF <<<
>>> VON GRENZE <<<<<<
>>> ZU GRENZE <<<<<<

#14
Wunder geschehen – **die Heilig-Blut-Basilika**

FEST DRAN GLAUBEN

#13
Brügge sehen und sterben – **der Belfried**

Showdown

#12
Meisterwerke zwischen Pralinen und Bier – **die Altstadt**

VON SÜSS BIS HERB

#4
Hafen von Welt –
MAS und 't Eilandje

DIAMANTEN AUF HANSEHÄUSER SETZEN

#5
Stylischer Süden –
Het Zuid

Ein Hauch von Paris

#6
Wen die Muse küsst –
Gent-Sint-Pieters und Museumsviertel

Kunst und Entspannung

#7
Nah am Wasser gebaut –
entlang der Leie

BEINE BAUMELN LASSEN

#8
Ein Lamm, ein Drache, ein Teufel – **rund um den St. Baafsplein**

›DIE GERECHTEN RICHTER‹ FEHLEN NOCH IMMER

#9
Grafen und Galgen –
vom Gravensteen zum Vrijdagsmarkt

Nichts gefallen lassen!

#10
Für Bücherwürmer und Coffee Lovers –
das Univiertel

WEISHEIT BIS ZUM HIMMEL

#11
Liebe und Lobpreis –
der Beginenhof

FROMM & EIGENSTÄNDIG

Antwerpen

Eines der bedeutenden Handelszentren des Mittelalters, Hafen von Welt, Kunst- und Modestadt – Antwerpen hat viele Gesichter, zeigt sich dabei aber stets einfallsreich und innovativ. Wie bei der Gestaltung des Eilandje, das mit dem Museum aan de Stroom (MAS) und dem Havenhuis von Zaha Hadid einen modernen Gegenpol zu der von Giebelhäusern geprägten barocken Altstadt darstellt. Hier, im Herzen Antwerpens, begegnet man Rubens auf Schritt und Tritt.

1

Züge, Zoo und Diamanten – **rund um Antwerpen Centraal**

Ankommen im Hauptbahnhof Antwerpen Centraal ist wie ein nacheinander Eintauchen in mehrere Welten: unten die modernen Gleise im jüngst tiefer gelegten Bahnhof, oben die prunkvolle Empfangshalle der »Eisenbahnkathedrale«, am Ostausgang die Diamantenverkäufer im traditionell jüdisch geprägten Viertel und am Nordausgang das große Zoogelände und das Tor zu Chinatown.

Oben bleiben war kein Thema in Antwerpen. Jedenfalls nicht ganz, denn der nach zwei Jahren Bauzeit renovierte ehemalige Kopfbahnhof **Antwerpen Centraal** 1 verfügt seit 2009 über vier Ebenen, auf denen man ankommen kann – oben

Unten modern, oben historisch – der Antwerpener Hauptbahnhof gilt auch nach seinem Umbau noch als einer der schönsten Bahnhöfe der Welt.

das historische Stahlgewölbe, unten die modern in die alte Struktur integrierten Ebenen zwei bis vier. Ein Mix, der vielleicht nicht jedermanns Goût entspricht, aber nach wie vor in eine der eindrucksvollsten Bahnhofshallen der Welt hineinführt.

Eisenbahnkathedrale

Während die langgezogene Stahl- und Glaskonstruktion über den Gleisen des Bahnhofs an historische Hallenkonstruktionen wie in Köln oder Leipzig erinnert, hat sich der für die Eingangshalle zuständige Architekt Louis Delacenserie an nichts Geringerem als dem Pantheon in Rom orientiert, als er von 1899 bis 1905 die Arbeiten in Antwerpen übernahm. Nicht verwunderlich also, dass die 75 m hohe Kuppel der Eingangshalle derjenigen einer Kathedrale gleicht. Römische, byzantinische und maurische Elemente wurden darin verarbeitet – alles vom Feinsten, um Bauherrn Leopold II, dem der alte Holzbahnhof nicht prunkvoll genug war, zufrieden zu stellen. »Ein netter kleiner Bahnhof«, soll er gesagt haben, als der Bahnhof schließlich fertiggestellt war – Anerkennung à la Leopold II.

Klein ist in diesem Bahnhof natürlich nichts. Die »Salle des pas perdus« ist so imposant, dass Autor W. G. Sebald ihr mehrere Seiten zu Beginn seines Buches »Austerlitz« gewidmet hat. Auch der benachbarte **Zoo** 2 kommt in den Überlegungen des Ich-Erzählers vor und verschmilzt mit den Eindrücken zur Bahnhofsarchitektur: das Kamel, das über den **Königin-Astrid-Platz** schaut, und das Nocturama mit seinen nachts hellwachen tierischen Bewohnern.

Chinesisches Lichterfest: Wenn es draußen dunkel und ungemütlich wird, verzaubern Laternen und Drachen die Besucher.

Chinatown und Chocolate Nation

In den Wintermonaten wird der Zoo Schauplatz des **chinesischen Lichterfestes.** Rotbeleuchtete Tempel und Lotusblüten, bunte Drachen und Figuren in Kimonos verzaubern die Besucher und vertreiben die Dunkelheit.

Nur ein paar Schritte vom Zoo entfernt, am **Chinesischen Tor** 3, fühlt man sich das ganze Jahr über wie in Asien: Hier liegt Antwerpens **Chinatown** mit dem **Sun Wah Supermarkt** (Van Wesenbekestraat 16–18), einer chinesischen Bäckerei und zahlreichen asiatischen Restaurants.

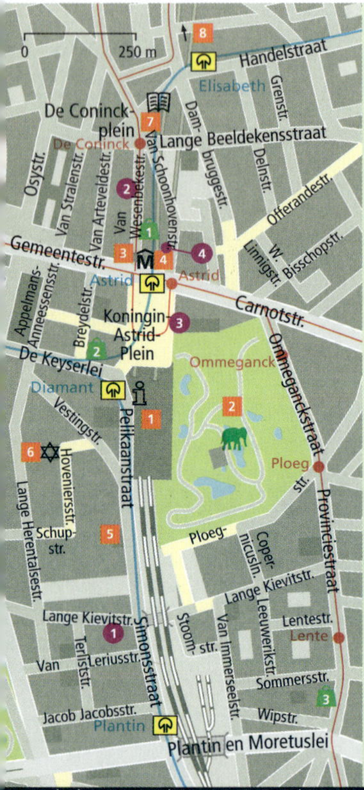

KULINARISCHES FÜR ZWISCHENDURCH

Hoffy's Restaurant and Catering ❶: Die Hoffman-Brüder bereiten täglich an die hundert verschiedenen koscheren Speisen zu – auch zum Mitnehmen (Lange Kievitstraat 52, www.hoffys.be, So–Do 10–22, Fr 10–15.30 Uhr). Bei **Phó Viet** ❷ in Chinatown kann man in modernem Ambiente leckere Suppen schlürfen (Van Wesenbekestraat 43, 12–20 Uhr, Do geschl.). Stilvoller sitzt man im Theatercafé **Le Paon Royal** ❸ des Königin-Elisabeth-Saals – im Pfauensessel. Zweieinhalb Stunden vor den Theatervorstellungen werden feine 3-Gänge-Menüs serviert, auch mit vegetarischen Optionen (Koningin Astridplein 25, www.koninginelisabeth-zaal.be). Im **Restaurant Octave** ❹ der **Chocolate Nation** 4 dreht sich alles um Schokolade (Koningin Astridplein 8, ► S. 33)

Merken für den Heimweg: Auf der Keyserlei können Sie Antwerpens süße Spezialität »Antwerpen Handjes« als Mitbringsel in der Bäckerei von Van Opstal **Van Boxel** 2 (De Keyserlei 55) erwerben. Die koschere Variante gibt es bei **Kleinblatt** 3 (Provinciestraat 206, T 03 233 75 13, www.kleinblatt.be).

Faltplan E/F 4/5 | Tram 2, 3, 5, 6 (Centraal Station/Astrid), Tram 12 (De Coninck)

Seit neuestem ist direkt an dem Tor zu Asien auch die **Chocolate Nation** 4 untergebracht, das größte Museum für belgische Schokolade – ein Muss (► S. 33)!

Glitzerwelt mit Schattenseiten

Auf der anderen Seite des Bahnhofs, am Ausgang Pelikaanstraat, geht es wieder hinaus in eine andere Welt: das berühmte **Diamantenviertel** Antwerpens. Schon seit 1447 hat sich der Diamantenhandel in Antwerpen entwickelt und die Stadt zum wichtigsten Diamantenhandelsplatz der Welt werden lassen. Eine der Börsen, die **Beurs voor Diamanthandel** 5, ist in einem eklektischen Gebäude in der Pelikaanstraat 78 untergebracht. Zugänglich sind die Diamantenbörsen nur dem Fachpublikum, aber die zahlreichen Juwelierläden um den Bahnhof herum stehen natürlich jedem offen und locken mit glitzernden Angeboten.

Wobei Globalisierung und Geschichte auch hier ihre Spuren hinterlassen haben – wurden bis vor Kurzem noch 80 Prozent aller Diamanten in Antwerpen gehandelt, sind es heute nur noch 60 Prozent. Waren es über 500 Jahre lang hauptsächlich jüdische Kaufleute, die »im Diamant« arbeiteten, werden die Geschäfte heute größtenteils von Indern betrieben, und die Steine werden nicht nur in Antwerpen, sondern steuerlich vorteilhafter z. B. in Dubai gehandelt. Auch das Berufsbild hat sich verändert: Berufe wie der des Diamantenspalters wurden überflüssig, da die Steine nun per Laser geteilt werden.

Jüdisches Leben in Antwerpen

Nach dem Ende des Zweiten Weltkriegs stieg insbesondere dank Einwanderungen aus Osteuropa die Anzahl der jüdischen Bevölkerung wieder, und die Stadt zählt heute mit rund 20 000 gläubigen Einwohnern die größte jüdische Gemeinde Europas. Um den Bahnhof herum gibt es daher auch koschere Bäckereien und Restaurants und mehrere Synagogen, u. a. die **Portugiesische Synagoge** 6 in der Hoveniersstraat. Besichtigen kann man sie allerdings nicht. Anders als etwa das jüdische Viertel in Budapest ist das jüdische Viertel Antwerpens kein Touristenviertel. Hier wird gelebt und gearbeitet.

UM DIE ECKE

Abseits der Touristenpfade können Sie über Chinatown einen Shortcut zum **Hafengebiet** und dem bei Antwerpener beliebten Park **Spoor Noord** (► S. 28) nehmen. Sehenswert auf dieser Tour durch ein jahrzehntelang eher links liegen gelassenes Wohngebiet, das heute langsam aufgewertet wird, sind die neu gestaltete **Bibliothek Permeke** 7 mit Büchermarkt am Sonntag, und das **Panamarenkohuis** 8 – Wohnhaus und Atelier des erfinderischen Antwerpener Künstlers Panamarenko. Achtung: Das Haus kann nur zu bestimmten Zeiten über eine Reservierung beim MUHKA besichtigt werden (► S. 31).

B BLUTDIAMANT

Guter Stoff für einen TV-Krimi: 2010 ermittelten die Kölner Tatort-Kommissare grenzüberschreitend in der Folge **»Blutdiamanten«.** Ihre Ermittlungen führten sie zum Antwerpener Hauptbahnhof, und sie gruben nebenbei auch tief in der Kolonialgeschichte Belgiens.

Auch Diamanten schleifen will gelernt sein und bedarf Fingerspitzengefühl.

#2

Zwischen Kunst und Konsum – **Meir und Modeviertel**

Concept Stores in Rokokopalästen und große Modeketten im Wechsel finden sich auf der Meir, der wichtigsten Einkaufsstraße Antwerpens. Nicht umsonst gilt die Stadt als Mode-Mekka Belgiens. Über die Meir gelangt man zu verwinkelten Gassen mit Nobelboutiquen, und auch das MoMu – das Modemuseum – ist in diesem Viertel angesiedelt.

In der Verlängerung der Keyserlei und gegenüber von **Oper** 1 und **Antwerp Tower** 2 beginnt die eigentliche Shoppingmeile. Die schon von weitem erkennbare Eleganz der beiden Gebäude links und rechts der **Statue von Kunstakademiegründer**

Bei Chocolate Line werden kunstvolle Kreationen gezaubert und im Paleis op de Meir eindrucksvoll in Szene gesetzt.

David Teniers macht es ganz deutlich: Das Einkaufsviertel will imponieren. Im rechten Gebäude, heute eine Benetton-Filiale, befand sich einst das **Grand Hotel Métropole.** Ein paar Schritte weiter ist auch eine Filiale der **Galeria Inno** 1 (Nr. 80–82), der belgischen Version von Galeria Kaufhof, in einem prunkvollen neubarocken Gebäude untergebracht.

Shopping-Palast

Einen Hauch von Sankt Petersburg strahlt die imposante Halle des **Stadtfestsaals** 3 aus. Früher fanden in dem Saal ein Autosalon, eine Bücherbörse und sogar zwei Billardweltmeisterschaften statt. Dann, im Jahr 2000, brach ein Feuer aus und zerstörte das Gebäude. Der neoklassizistische Saal wurde aufwendig wiederaufgebaut, um moderne Passagen vergrößert und – 100 Jahre nach seiner Erbauung – 2007 als Luxus-Shoppingmall mit Champagnerbar wiedereröffnet.

Hohe Ladenmieten haben viele der ursprünglichen Pächter fliehen lassen, wettbewerbsfähigere Ketten haben sich angesiedelt, aber die goldverzierten Kuppeln, Torbögen und Balkongeländer bezeugen dennoch, dass man sich hier in einer der wohl schönsten Shopping-Malls der Welt befindet.

Ein Palast voller Schokolade

Der **Paleis op de Meir** 4 ist ein echter Herrschersitz. Niemand Geringeres als Napoleon hatte ihn 1811 von einem wohlhabenden Antwerpener Unternehmer abgekauft und umgestalten lassen – wobei er selbst jedoch nie da war. Der Palast wurde zur Antwerpener Residenz der belgischen Könige, und vor der Unabhängigkeit Belgiens 1830 residierte hier auch der niederländische König Wilhelm I., wenn er in Antwerpen Hof hielt.

Heute ist das historische Gebäude nur zum Teil zugänglich. Im Erdgeschoss stellt **The Chocolate Line** 2 fantasievolle Pralinenkunstwerke vor. Kaiserlich Kaffee trinken lässt es sich im **Café Impérial** 1. Je nach Wetter und Laune können Sie wählen, ob Sie sich lieber unter schicken Kronleuchtern oder auf der Terrasse im Innenhof niederlassen. Im **Kutscherhaus** hinter dem Palast werden stilvolle Möbel- und Designobjekte der belgischen Interior-Marke **Flamant** verkauft. Von hier aus können

M MEIR

Meir hat nichts mit dem Namen Meier zu tun, sondern stammt von dem altniederländischen Wort *meere* (See). Ursprünglich war die *meir* ein *houtmeer*, ein »Holzsee«, an dem für den Möbelbau bestimmtes Holz nass gehalten wurde.

70er-Jahre-Architektur ist out: Der alte »Antwerp-Tower« in der Verlängerung der Meir wird zurzeit ganz neu verputzt und zu Luxusapartments umgewandelt.

Von Belgien nach New York: Heute sieht man stilweisende Kleider von Diane von Furstenberg nicht nur in der Antwerpener Steenhouwersvest, sondern auch im Metropolitan Art Museum.

Sie auch auf die Wapper schauen – den Platz, an dem das **Rubenshaus** 5 (► S. 34) liegt.

In der Meir 56, an der Stelle des palastähnlichen Herrenhauses, das heute ein Fashionstore ist, soll übrigens im 16. Jh. das Geburtshaus von Maria Pijpelincx, der Mutter von Rubens, gestanden haben (mehr zu Rubens ► S. 34).

Modeketten und Bauerntürme

Gegenüber dem Paleis op de Meir ist seit 2015 die Modekette **Uniqlo** 3 (Nr. 67–69) angesiedelt. Die Eröffnung der Filiale sorgte für Aufsehen, da es die erste Niederlassung dieser japanischen Version von H&M im Benelux-Raum war. Finnisch geht es dagegen bei **Juttu** 4 (Nr. 19) zu. Der belgische Concept Store mit skandinavischem Namen lädt unter dem Motto »Home of brands, house of friends« zum Entdecken und Shoppen ein.

In der Straßenflucht fällt ein Hochhaus besonders auf: der **KBC-Turm,** oder, wie er im Volksmund heißt, der **Bauernturm (Boerentoren)** 6. Der heutige Bankenturm auf dem Eiermarkt 20 wurde 1929 im Art-déco-Stil entworfen und war bei seiner Fertigstellung 1932 der erste Wolkenkratzer Europas. Die Aussichtsplattform im 26. Stock ist leider aus Sicherheitsgründen geschlossen – aber auch von unten dient der 97 m hohe Bauernturm noch als Orientierungspunkt im Panorama der Antwerpener Altstadt.

Wilde Zee und schönes Theater

Hinter der Meir kann der Shoppingrausch in kleineren Straßen fortgesetzt werden. Im **»Wilde**

B
BÖRSE

Das erste **Bauwerk** 10, das ausschließlich für den **Börsenhandel** bestimmt war, steht übrigens auch in einer von der Meir abgehenden Straßen, der Twalfmaandenstraat (12-Monate-Straße). Unbedingt besichtigen oder zumindest für Brügge merken (► S. 88)!

Zee«-Viertel, abgehend von der nur noch am Straßennamen erkennbaren **Meirbrücke**, sind junge belgische Designer zuhause. Hier steht auch das älteste Einkaufszentrum Belgiens, die **Nieuwe Gaanderij (Neue Galerie)** 5, über die man zur »Frittenbude de luxe«, **Frites Atelier** 2 kommt.

In der schicken Steenhouwersvest hat unter anderem die belgisch-amerikanische Stardesignerin **Diane von Furstenberg** 6 (Nr. 44) eine Boutique. Nun ist man mitten im **Modeviertel**, und direkt um die Ecke, in der Nationalestraat 28, ist der Mode sogar ein eigenes Museum gewidmet: das **MoMu (Modemuseum)** 7, das seit 2012 in Antwerpens Tempel der Mode, der **Modenatie**, untergebracht ist. Das Museum ist nicht nur wegen der großen Sammlung von Modestücken interessant, sondern auch wegen der imposanten Inszenierung der Exponate, die bis ins 16 Jh. zurückgehen (Wiedereröffnung Herbst 2020, Nationalestraat 28, www.momu.be).

Im angrenzenden **Quartier Latin** sind das **Bourla-Theater** 8 (in dem sich heute das Theater Toneelhuis befindet, Komedieplaats 18) und das **Stadttheater** 9 (Nieuwstad 1) zuhause. Vor dem Bourla-Theater, auf dem Graanmarkt, findet sonntags ein **Vogelmarkt** statt, der wie ein aus der Zeit gefallenes Schauspiel scheint. Zunehmend gesellen sich auch Stände mit Handwerkswaren, Kleidern und Antiquitäten zu den in Käfigen ausharrenden Tieren.

INFOS/ÖFFNUNGSZEITEN

Stadtfestsaal 3: Meir 78, http://stadsfeestzaal.com, Mo–Sa sowie 1. So im Monat, 10–18.30 Uhr

Paleis op de Meir 4: Meir 50, www.paleisopdemeir.be

HUNGRIG?

Frites Atelier 2: Sternekoch Sergio Herman hat den Snackcharakter zwar erhalten, dafür aber eine edle Soßenauswahl und besonders knusprige Fritten kreiert (Korte Gasthuisstraat 32, www.fritesatelier.com, Mo–Do 11–22, Fr–So 11–23 Uhr).

Local Store 3: Everdijstraat 20, http://local-store.be, So–Do 9–18 Uhr). In der Nähe gibt es übrigens viele hübsche kleine Läden.

Graanmarkt 13 4: Graanmarkt 13, T 03 337 79 91, https://graanmarkt13.com, 12–14.30, 18–22 Uhr

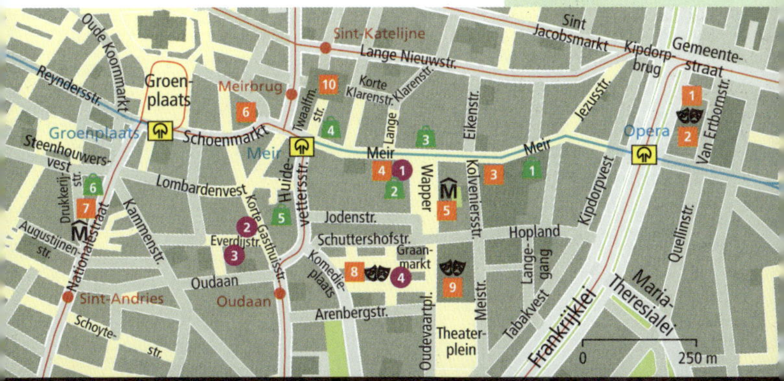

Faltplan Karte 2, C/D 5 | Tram 3, 5, 9, 15 (Meir/Groenplaats, Haltestelle Opera bis Sommer 2019 geschl.)

3

Hand werfen – **Geschichte(n) in Antwerpens Altstadt**

Der Legende nach soll ein Riese, Druon Antigon, zu Zeiten der Römer Wegzoll von den vorbeifahrenden Schiffern verlangt haben. Wer nicht zahlen konnte, dem wurde die Hand abgehackt. Erst Legionär Silvius Brabo machte dem Schrecken ein Ende, hieb dem Riesen selbst die Hand ab und schleuderte diese in die Schelde. Aus diesem »Hand werfen« wurde »Antwerpen«.

In der Liebfrauenkathedrale konnte zum Rubensjahr 2018 sogar übernachtet werden. Das geht jetzt nicht mehr ohne Weiteres – aber die vielen Kunstwerke sieht man tagsüber sowieso am besten.

Ob die Legende stimmt oder nicht, dem tapferen Helden Brabo wurde 1887 ein prunkvoller Brunnen aufgestellt. Er steht in der Mitte des wichtigsten Platzes der Stadt, dem **Grote Markt** 1, und ist dadurch auf ewig mit der Gründung von Antwerpen verbunden – auch wenn sich der

Legende oder historisch bewiesen? Der römische Soldat Brabo soll dem Riesen eins ausgewischt und damit den Namen der Stadt geprägt haben.

Name der Stadt vielleicht doch eher von *an de warp* (»an der Warft«) ableitet.

Bemerkenswert unter den Zunft- und Handelshäusern des Marktes ist **Haus Nummer 4:** In diesem wurde 1577 Anthonis van Dyck geboren. Noch bemerkenswerter ist natürlich das zwischen 1561–1564 erbaute **Stadhuis** 2 (Grote Markt 15), das mit seinem Renaissancestil Maßstäbe gesetzt hat: die Rathäuser in Den Haag, Emden, Danzig und auch das Portal des Kölner Rathauses wurden alle von dieser damals neuartigen Architektur inspiriert. Anders als viele gotische Rathäuser in der Region (Brüssel!) hat das Antwerpener Stadthaus keinen Belfried. Es wäre undenkbar gewesen, mit der Kathedrale – dem größten Gotteshaus des Landes – zu konkurrieren.

Ü
ÜBRIGENS

Mit der Legende wurde eine Spezialität geboren: die **»Antwerpen Handjes«,** Antwerpener Händchen, die es in Keksform oder als Schokolade gibt (► S. 16).

Turmbauer und Glockenspieler

Sehen Sie die Installation am Eingang der **Liebfrauenkathedrale** 3**?** Sie wirkt, als hätten sich Pantomime-Schauspieler verkleidet und auf Leitern gestellt. Die Figuren stehen hier allerdings schon seit 1935, zu Ehren von Pieter Appelmans, und bauen am unvollendeten Südturm der Kathedrale weiter. Appelmans, einer der Architekten der Kathedrale, wird zusammen mit seinem Vater Jan und zwei anderen Bauhelfern gezeigt. Sollten Sie eine fünfte Person sehen, dann ist dies tatsächlich ein Pantomime-Künstler, der Ihnen nach einer gewissen Zeit mit einem Lächeln eine Mütze entgegenhält.

Insgesamt 169 Jahre, von 1352 bis 1521, dauerte der Bau der Kathedrale, und 20 Jahre hat man bis vor Kurzem für die aufwendige Renovierung gebraucht. Es hat sich gelohnt: Vier Werke von Rubens werden museal in Szene gesetzt, seit 2007 zusammen mit der Ausstellung »REUNION.

INFOS/ÖFFNUNGSZEITEN

Liebfrauenkathedrale 3: Handschoenmarkt, www.dekathedraal.be/de, Besichtigung Mo–Fr 10–17, Sa 10–15 und So 13–16 Uhr, Gottesdienste Sa um 16, 17 Uhr (Englisch), So/Fei um 9, 10 (Chor und Orgel), 12 (Orgel) und 17 Uhr (Vesper); Glockenspiel: Mo, Mi und Fr 12–13 Uhr

Restaurant Anthony Van Dyck 3: im Vlaaikensgang, ab 12 Uhr und abends ab 18.30 Uhr

Poorterswoning 7: www.poorterswoning.be, Pelgrimsstraat 15, Sa/So 12–18.30 Uhr, für Gruppen auf Anfrage

KOMM ZU TISCH!

In de Roscam 1: Vrijdagmarkt 12, 10–0 Uhr. Unprätentiöses, klassisches Eetcafé mit leckeren Gerichten und schöner Terrasse, direkt am Plantin-Moretus-Museum (► S. 34).

Me and My Monkey 2: Kakaovariationen, Kaffee jeder Art und leckere Kuchen gibt es bei Me and My Monkey, das auch mit seiner Schallplattensammlung beeindruckt (Oever 18, 11–18 Uhr, Mi geschl.).

Faltplan Karte 2, B/C 4/5 | Tram 3, 5, 9, 15 (Groenplaats)

Von Quinten Metsijs bis Peter Paul Rubens« (► S. 34). Die Ausstellung ist ihrerseits das Produkt einer Renovierung: Eigentlich sollen die Meisterwerke nur hier stehen, bis das **Königliche Museum für Schöne Künste Antwerpen** wieder öffnet. Geplant war dies 2019 – jetzt ist das Ende der Renovierungsarbeiten offen. Es gibt eben immer etwas zu bauen in Antwerpen …

Liebliche Klänge

Kein Gebäude in Antwerpen darf höher sein als die Liebfrauenkathedrale, und keines lockt die Passanten mit einem lieblicheren Glockenspiel. Auch aktuelle Melodien erklingen von dem Carillon aus dem Kirchturm – so schwebt mitunter die Melodie aus »Die fabelhafte Welt der Amélie« über den Straßen. Beliebt zum Lauschen der einstündigen Open-Air-Konzerte, die montags, mittwochs und freitags erklingen, ist der **Vlaaikensgang** 4 (Oude Koornmarkt 16).

Stünde kein Schild daran, könnte man leicht vorbeigehen, denn auf den ersten Blick wirkt der Eingang mit seinen Holzbriefkästen eher wie ein privater Wohnkomplex. Ein Geheimtipp ist der kleine Durchgang Vlaaikensgang, der seit 1591 die Hoogstraat, den Oude Koornmarkt und die Pelgrimstraat miteinander verbindet, schon lange nicht mehr. Wenn Sie durch den Hof gehen, erwarten Sie nicht selten fotografierende Gruppen – manchmal werden auch Modeaufnahmen hier gemacht. Charmant sind der efeubehangene Hof und das Gässchen dennoch. Im **Restaurant Sir Anthony Van Dyck** 3 kochte noch bis 2017 Marc Paesbrugghe, der berühmt wurde, weil er freiwillig einen Michelin-Stern abgegeben hat.

Wer A sagt, muss auch B sagen

Wer Anthonis van Dyck sagt, muss auch Peter Paul Rubens sagen, zumal in Antwerpen. Kein anderer Künstler hat die Stadt so sehr geprägt wie der in Siegen geborene Rubens, dem auf dem **Groenplaats** 5 ein Denkmal gesetzt wurde. Anthonis van Dyck war sein vielleicht begabtester Schüler, daneben hatte der Barockmeister in der Stadt und über die Stadt hinaus viele reiche Auftraggeber, die die Kunst des Malers verewigt haben. Wo Sie überall auf Rubens Spuren wandeln können, erfahren Sie unter »Rubens inspiriert« (▶ S. 34).

Ü
ÜBRIGENS

Früher wohnten im Vlaaikensgang die Ärmsten der Stadt und die Schuhmacher, die die Notglocke der Kathedrale läuten mussten. Erst 1970 wurde die Gasse renoviert und zu dem malerischen Ort, der sie heute ist. Wer nachfühlen möchte, wie zur gleichen Zeit direkt gegenüber betuchtere Leute gelebt haben, sollte die **Poorterswoning** 7 aus dem Jahr 1533 besichtigen. Es ist das kleinste Museum der Stadt, aber dennoch reich an Gegenständen und voll möbliert. *Porteer* ist ein anderes Wort für Bürger, und das Bürgertum war damals, während der goldenen Ära der Stadt, ganz schön reich.

UM DIE ECKE

Ein Kuriosum ist der **Fußgänger- und Fahrradtunnel Sankt Anna** 6. Seit 1933 verbindet er die beiden Scheldeufer – wobei damit keine herkömmliche Unterführung gemeint ist, sondern eine 1933 elegant mit Holzrolltreppe angelegte Passage, für die sich die Antwerpener anstelle einer Brücke entschieden haben. Wer die Fahrt mit der Rolltreppe abkürzen möchte, kann auch den Fahrstuhl wählen. Ein Spaziergang durch den 572 m langen Tunnel lohnt sich auch wegen der malerischen Silhouette Antwerpens, die man vom anderen Scheldeufer aus bewundern kann – *der* Platz für die Barockmaler, wenn sie Antwerpen und die Schelde malen wollten.

4

Hafen von Welt – **MAS und ’t Eilandje**

Falls nicht schon geschehen, sollten Sie sich spätestens für die Erkundung von Eilandje und Umgebung eines der zahlreichen roten Mietfahrräder schnappen. Die Promenade an der Schelde entlang bis hin zum zweitgrößten Hafen Europas zieht sich. Als architektonisches Highlight erwartet Sie das Havenhuis, letztes Großprojekt der 2016 verstorbenen Stararchitektin Zaha Hadid.

Ein wenig versteckt liegt das Havenhuis, der Sitz der Antwerpener Hafenverwaltung. Dabei ist sein diamantenförmiger Schiffsaufsatz ein absoluter Hingucker.

An der Schelde tut sich was: Fahrradwege werden angelegt, Museen gebaut, das einstige Rotlichtviertel Schipperskwartier wird studentisch, und mit dem Eilandje wurde eine der schicksten Antwerpener Wohngegenden überhaupt aus dem Boden gestampft.

Auch **Het Steen** 1, das älteste erhaltene Bauwerk Antwerpens, kommt bei den Verschönerungsmaßnahmen nicht zu kurz. Die ehemalige Burg, die von 1200 bis 1225 das Schloss von Antwerpen war, soll zur Kreuzfahrtanlegestelle mit Infopoint werden. Der angrenzende Steg wird gleich mit poliert, um der beliebten Promenade an der Schelde einen noch schöneren Look zu verleihen.

Museumsfusionen

Maßgeblich zur positiven Entwicklung des »Inselchens« beigetragen hat das **MAS – Museum aan de Stroom** 2. Seit seiner Eröffnung 2011 hat sich der markante Kubus zum Magneten für Kunstliebhaber und Touristen entwickelt. Neben der Sammlung des Marinemuseums wurden im MAS die Exponate vieler anderer Antwerpener Museen unter ein Dach gebracht, und so gibt es nun insgesamt 470 000 wechselnde Ausstellungsstücke – darunter sehr sehenswerte Hafenkräne. Im 9. Stock ist das Zwei-Sterne-Restaurant **'t Zilte** zuhause. Auch ohne Ausstellungsbesuch kommt man auf das **Panoramadeck** im 10. Stock (Di–So, 9.30–24, letzter Einlass 23.30 Uhr).

Das 2013 eröffnete **Red Star Line Museum** 3 erzählt die Geschichte der berühmten belgisch-amerikanischen Reederei, die ab 1876 Antwerpen und New York verband. Sehr eindrucksvoll veranschaulicht das Museum das Leben der Auswanderer, die von Antwerpen aus in die neue Welt aufbrachen, und auch die Faszination, die die majestätischen Ozeandampfer auf die Bevölkerung ausübten.

Zwischen Schiff und Diamantenschliff

Ist es ein Schiff oder ein Diamant? Beides! Das **Havenhuis** 4, letztes großes Bauprojekt der Stararchitektin Zaha Hadid, ist sowohl das Flaggschiff des Antwerpener Hafens als auch ein Schmuckstück moderner Stadtarchitektur. Majestätisch wie ein Schiffsbug und glänzend wie ein Diamant stülpt sich der Neubau der Hafenverwaltung über das alte Hansehaus, ohne dieses zu erdrücken – eine gelungene Symbiose aus Geschichte und Moderne (bewundern kann man sie aber leider nur von außen). Das alte Hansehaus ist übrigens eine Replik – das Original befand sich dort, wo heute das MAS steht, wurde aber 1893 zerstört.

Das MAS (Museum aan de Stroom) ist schon wegen seiner tollen Aussicht ein Publikumsmagnet. Nur das Havenhuis sieht man von hier oben leider nicht. Es wird von drei Wohnblöcken verdeckt.

Ü ÜBRIGENS

Schon mehrmals wurde Het Steen umgebaut und unterschiedlich genutzt. Zunächst war es Teil der Stadtbefestigung, später diente es als Gefängnis, Wohnung, Holzsägerei und Fischlagerplatz. Im 19. Jh. wurde es stark verkleinert, um die Scheldeufer ausbauen zu können, und ab 1952 beherbergte es das Marinemuseum, bis dieses 2011 ins neue MAS umzog.

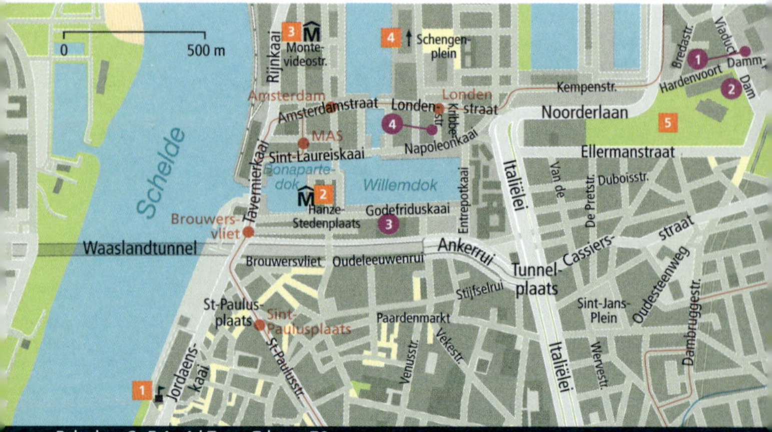

Faltplan C–E 1–4 | Tram 7 bzw. 70

INFOS/ÖFFNUNGSZEITEN

MAS – MUSEUM AAN DE STROOM 2: Hanzestedenplaats 1, T 03 338 44 00, www.mas.be, Di–So 10–17 Uhr, ab 10/8 € (falls keine temporäre Ausstellung 5/3 €), unter 12 J. Eintritt frei

RED STAR LINE MUSEUM 3: Montevideostraat 3, T 03 298 27 70, www.redstarline.be, Di–So 10–17, April–Nov. Sa/So von 10–18 Uhr, 8/6 €

GEGEN DEN HUNGER

In den alten Speicherhallen gegenüber dem MAS kann man bei **Felix Pakhuis** 3 seine Gerichte selbst zusammenstellen und mit dem Tischnachbarn teilen. »Geteiltes Glück« ist das Motto – auch beim Brunch (Godefriduskaai 30, www.felixpakhuis.nu, Mi–Fr 12–21, Sa 10–22, So bis 21, Brunch von 10–12, 12.30–14.30 Uhr, Brunch 24,50 € inkl. Getränke, Kinder zahlen die Hälfte). Glücklich wird man – etwas familiärer und günstiger, aber auch in einer alten Lagerhalle – bei **No worries** 4, wo man nicht nur essen, sondern auch in Büchern stöbern kann (Kribbestraat 20, http://noworriesantwerpen.be, Mi–So 10–18 Uhr).

UM DIE ECKE

Zu neuem Leben ist auch das benachbarte Damviertel erwacht, das mit seinem entlang der alten Eisenbahnlinie neu angelegten Park **Spoor Noord** 5 besonders bei jungen Familien, Graffitikünstlern und Skatern beliebt ist. Am Damplein kann man abseits des Touristenrummels essen – bei **Caravan** 1 (► S. 40) gibt es beliebte Brunchs in Berlin-Atmosphäre, bei Zeppelin neue und traditionelle Biersorten, und einen auf Dänisch macht das schicke **Gå Nord** 2, das ins Niederländische übersetzt schlicht »Gaa Noord« bedeutet – Geh nach Norden!

Stylischer Süden – **Het Zuid**

#5

Het Zuid, der Süden, ist ein für seine Cafés und Restaurants und auch für seine Kunstszene beliebtes Ausgehviertel. Hier treffen sich die Bohémiens-Bourgeois von Antwerpen, um im MUHKA oder im Fotomuseum die neuesten Ausstellungen zu besuchen. Von Mai bis September verwandelt ein Kunstmarkt das Viertel in ein »Lambermontmartre«.

Egal ob mit der Straßenbahn aus Richtung Eilandje, über das Modeviertel und die Nationalestraat oder über die Kloosterstraat: Alle Wege führen in den Süden – Het Zuid. Wenn Sie den Weg über die Kloosterstraat mit ihren malerischen Antiquitäten und Vintageläden nehmen, landen Sie automatisch beim **Denkmal Peter des Großen** 1. Der russische Zar soll hier 1717 wirklich gestanden haben.

Das MUHKA – Museum für zeitgenössische Kunst – ist mit seinen oft verspielten Kunstwerken auch bei Familien beliebt.

Nur europäischer Fisch kommt auf den Tisch der Fiskebar. Das Lokal ist modern und dabei eine der besten Adressen, um in Antwerpen Meeresfrüchte zu essen.

Damals gab es natürlich noch nicht den riesigen Parkplatz **Gedempte Zuiderdokken,** der heute die Fläche zwischen dem **Waalsekaai** und **Vlaamsekaai** dominiert. Und auch nicht die Museen: Das in einem ehemaligen Silo untergebrachte **MUHKA (Museum für zeitgenössische – »hedendagse« – Kunst)** 2 bietet Platz für spektakuläre Installationen. Über 3 Mio. Exponate, historische und moderne Fotografien, zeigt das **FOMU** 3**.** Mindestens einmal im Jahr wechselt die Ausstellung.

Das kleine Paris

Das dritte Museum des Viertels, das **Königliche Museum der Schönen Künste** 4 am Leopold De Waelplaats, ist aufgrund längerer Restaurierungsarbeiten bis auf Weiteres geschlossen – die für 2019 geplante Wiedereröffnung wurde auf einen unbestimmten Zeitpunkt verschoben. Doch auf Kunst muss man an dieser Stelle nicht verzichten – zumindest nicht im Sommer, denn dann verwandelt sich die Gegend um das Museum in einen Open-Air-Kunstmarkt, den **Lambermontmartre,** der seinen Namen von der benachbarten Lambermontstraat hat.

Ein kleiner Schiffsbug als Erker – Het Bootje ist eines der spektakulärsten Art-Nouveau-Gebäude Antwerpens.

Als »Kleines Paris« wird Het Zuid gerne bezeichnet … da dürfen neben Kunst Cafés und gute Restaurants natürlich nicht fehlen. Viele sind um den Marnixplatz angesiedelt: Die **Fiskebar** 1 ist eines von Antwerpens beliebtesten, aber auch teuren Fischrestaurants. Erschwinglicher sind die Cafés in der Volkstraat, in der mit dem alten **Liberaal Volkshuis** 5 (Nr. 40, https://steinerschoolantwerpen.be/, heute eine Rudolf-Steiner-Schule) auch ein besonders schönes Art-Nouveau-Gebäude zu sehen ist. Das berühmteste Art-Nouveau-Gebäude Antwerpens ist **Het Bootje** 6 (Ecke Schildersstraat/Plaatsnijdersstraat 1). Warum es so heißt – »kleines Boot« –, erkennen Sie auf den ersten Blick …

UM DIE ECKE

Kein Museum, aber von außen nicht weniger auffällig ist der **Justizpalast** 7 am Bolivarplatz Nr. 20, der architektonisch so spektakulär ist, dass er quasi das südliche Pendant zum **Havenhuis** (► S. 27) im Norden der Stadt ist. Der 2006 fertiggestellte Bau hat eine Dachkonstruktion wie aus Spitzenhüten – das viele Glas, das verarbeitet wurde, soll die Transparenz der Justiz versinnbildlichen.

INFOS/ÖFFNUNGSZEITEN

MUHKA 2: Leuvenstraat 32, T 03 260 99 99, www.muhka.be, Di, Mi, Fr–So 11–18, Do 11–21 Uhr, Eintritt frei (außer Sonderausstellungen)
FOMU 3: Waalsekaai 47, www.fotomuseum.be, Di–So 11–18 Uhr
Kunstmarkt Lambermontmartre: http://lambermontmartre.be, in den Sommermonaten, 1. So des Monats

HIER IST FÜR JEDEN WAS DABEI

Fiskebar 1: Marnixplaats 11, tgl. 12–22 Uhr, Lunchmenu mit »Fang des Tages« Di–Fr für 14,50 €, abends deutlich teurer
Buchbar 2: Ein herrlicher Ort, um einen Latte Macchiato mit Hafermilch zu trinken, eine Suppe zu essen, in Büchern zu schmökern und – wenn man gerade da ist – eine Lesung zu hören. (Scheldestraat 7, www.buchbar.be, Mi–Fr 11–18, Sa/So 10–18 Uhr)
De Biologisch-Dynamische Bakkerij 3: Ebenfalls sehr gemütlich. Besonders lecker sind die Quiches und die Burger, aber natürlich auch die Backwaren (Volkstraat 17, Mo, Di, Do–Sa 8–18, So 9–17 Uhr)
Divers 4: »Healthiest kid in town«! Smoothie-Bowls, vegane Desserts und Wellness-Latte. Fast ein bisschen zu viel des Guten. Aber nur fast (Volkstraat 9, www.diversantwerpen.be, Di–Fr 9–16, Sa 9.30–16, So 10–16 Uhr).
Charlie's 5: Hier kann man lecker brunchen – übernachten übrigens auch (Volkstraat 46, www.charliesantwerpen.de, Di–Do 7.30–17, Fr 7.30–19, Sa/So 8.30–18 Uhr).

Faltplan A/B 5–7 | Tram 4, 8 und **Bus** 22, 180, 181, 182, 183

Antwerpens Museumslandschaft

Rubensstadt, Mode- und Designhochburg, Diamantenzentrum, Stadt am Hafen ... all dies ist Antwerpen und natürlich spiegelt sich das auch in den Museen der Stadt wieder. Das **Museum Mayer Van den Bergh** (Lange Gasthuisstraat 19) zeigt eine beeindruckende Sammlung von Werken aus der Zeit von Rubens. Den Klang der Stadt und ihre historische Bedeutung zugleich fühlt man im **Museum Vleeshuis** (Vleeshouwersstraat 38, www.museumvleeshuis.be, Do–So 10–17 Uhr), dem Musikinstrumente-Museum im historischen Haus der Metzgergilde. Auch von außen kann sich das ehemalige Haus der Metzgergilde sehen lassen. Es ist im gotischen Stil erbaut und wirkt fast wie ein kleines Schloss. Wer wissen möchte, wie Antwerpen zur Modemetropole wurde, kann dies im **MoMu** (▶ S. 21) herausfinden. Zusätzlich zum **Red Star Line Museum** (▶ S. 28) bietet die **Sammlung von Eugeen Van Mieghem** einen eindrucksvollen Einblick in das Leben der Hafenarbeiter. Während viele Museen der Stadt (das Marinemuseum und das Ethnologische Museum eingeschlossen) im 2011 eröffneten **Museum aan de Stroom** (▶ S. 28) ein neues Zuhause fanden, werden andere Exportschlager Antwerpens – insbesondere Diamanten und Schokolade/Pralinen – in eigenen neuen Museen präsentiert. **DIVA** und **Chocolate Nation** sind auf jeden Fall ein Ticket wert, genauso das Museum Mayer Van den Bergh, das übrigens mit einem Eintritt ins **Rubenshaus** verbunden werden kann. Dem Barockmeister kann man in Antwerpen wirklich nicht entkommen.

MIT DER APP INS MUSEUM

Die **Antwerpen Museum App** nimmt Sie mit auf virtuelle Führungen und thematische Stadtbesichtigungen.
Übersicht Museen: www.visitantwerpen.be/de/sehenswurdigkeiten/museen

Das Museum für die Mode (MoMu) setzt Kleidung gekonnt in Szene.

EINTRITTSKARTEN *in eine andere Welt ...*

Antwerpen ist unglaublich reich an Museen. Neben den in den Kapiteln beschriebenen hier meine persönlichen Highlights:

UND JETZT ENTSCHEIDEN SIE!

Chocolate Nation
tgl. 10.30–21 Uhr (letzter Eintritt 19 Uhr), 16,50/15/11,50 €

Wie bei Charlie in der Schokoladenfabrik fühlt man sich in dem 2019 am Koningin Astridplein 7 eröffneten größten Museum der Welt für belgische Schokolade (will meinen: Pralinen).

E 4, www.chocolatenation.be

○ JA ○ NEIN

DIVA
außer Mi tgl. 10–18 Uhr (letzter Eintritt 17 Uhr), 10/7 €

Eine wahre Wunderkammer mit hochkarätigen Sonderausstellungen. Butler Jérome führt durch einen 550 m² umfassenden Parcours, der das verstaubte Image der Glitzersteine gründlich poliert.

Karte 2, C 4, www.divaantwerp.be

○ JA ○ NEIN

Museum Mayer Van den Bergh
Di–So 10–17 Uhr, 8/6 €

Die Privatsammlung umfasst an die 1000 Gemälde, darunter die »Dulle Griet« von Peter Brueghel dem Älteren und ein anderes Werk, in dem Brueghel »den Mond anpinkeln« lässt.

Karte 2, C/D 5, www.museummayervandenbergh.be

○ JA ○ NEIN

Museum De Reede
Außer Mi tgl. 11–17 Uhr, 10/5/3 €

Dieses Museum besitzt eine erstaunliche Sammlung grafischer Werke von Francisco Goya, Félicien Rops, Edvard Munch, aber auch Exponate von Käthe Kollwitz, Albrecht Dürer, Hans Holbein d. J. und Pablo Picasso.

Karte 2, C 4, https://museum-dereede.com

○ JA ○ NEIN

Rubens inspiriert den Antwerpener Barock

Mit #rubensinspires wurden 2018 Rubens und der Antwerpener Barock gefeiert. Noch heute gibt es überall in der Altstadt Spuren des 1577 in Siegen geborenen Meisters und seiner Zeitgenossen: in Museen und in Kirchen, vor allem aber in dem Haus, in dem Rubens 30 Jahre lang residierte.

Rubens holt Italien nach Antwerpen

Rubenshaus Karte 2, D 5

1608 kehrte Rubens von einer langen Italienreise zurück, heiratete Isabella Brant und erwarb 1610 das Anwesen, das er zu einem echten italienischen Palazzo mit prachtvollem Garten ausbauen ließ. Eine antike Säulenhalle wurde angebaut, eine Büste Senecas hineingestellt. Römische Götter zieren das Portal des 36 m breiten Hauses – das war selbst für die an Wohlstand gewöhnten Antwerpener ungewöhnlich. Über 2000 Werke sind im Rubenshaus entstanden. Hier empfing er auch seine Gäste, unter anderem die französische Königin Maria de Medici, Gemahlin von Heinrich IV. Seit #rubensinspires ergänzt ein zuvor in David Bowies Besitz befindlicher Tintoretto Rubens' reiche Kollektion.

Wapper 9–11, T 03 201 15 55, www.rubenshuis.be, Di–So 10–17 Uhr

Wunderwelt der Druckkunst

Plantin-Moretus-Museum

Karte 2, C 5

Diese erste industrielle Buchdruckerei ist bisher das einzige Museum weltweit, das zum UNESCO-Weltkulturerbe erklärt wurde. Es wurde 1555 von dem Humanisten Christoffel Plantin gegründet und war unter Plantins Schwiegersohn Jan Moretus eine wichtige Institution der Gegenreformation. Rubens, der mit dem Enkel Balthasar Moretus befreundet war, malte zahlreiche Porträts der Buchdruckerfamilie und gestaltete auch einige Buchdeckel. Besondere Schätze der Bibliothek sind eine Gutenberg-Bibel und die Biblia Regia, in der Plantin die Texte des Alten und Neuen Testaments in fünf Sprachen nebeneinander hat drucken lassen. Nicht nur für Theologen sehenswert!

Vrijdagmarkt 22, T 03 221 14 50, www.museumplantinmoretus.be

Sein Freund, der Bürgermeister

Snijders&Rockoxhaus

Karte 2, D 4

Fast wie Rokoko klingt Rockox – das Museum ist jedoch nicht nach einer Stilrichtung, sondern nach dem Bürgermeister Nicolaas Rockox benannt, der ein Freund Rubens' war und diesem etliche Aufträge vermittelte. Wie im Rubenshaus gibt es einen herrlichen Garten und mit vielen Meisterwerken eingerichtete Wohnräume zu besichtigen – unter ihnen auch die Rubens-Gemälde »Maria in Anbetung« und »Kreuzigung«. Seit 2018 ist Frans Snijders, Maler und Kunstsammler aus dem 17. Jh., im Namen und in den Werken des Museums mit verewigt.

Keizerstraat 10–12, T 03 201 92 50, www.rockoxhuis.be, tgl. Di–So 10–17 Uhr

Von oben bis unten Rubens

Karl-Borromäus-Kirche

Karte 2, C 4

Mit dem Bau der Kirche von 1615 bis 1621 war Rubens wie kein anderer Künstler verbunden: Er hat die Fassade gestaltet, den Turm bekrönt und, stets im Auftrag der Jesuiten, 43 Gemälde für die Inneneinrichtung angefertigt. Die meisten von ihnen sind heute nicht mehr zu sehen – 39 der Deckenmalereien fielen 1718

einem Brand zum Opfer. Besonderer Clou des von Rubens gestalteten Hauptaltars: Seine Gemälde werden durch einen Mechanismus ausgewechselt, der auch heute noch funktioniert! Kein Wunder, dass die italienisch anmutende Kirche bei ihrer Fertigstellung von der Bevölkerung als »Himmel auf Erden« bejubelt wurde.
Hendrik Conscienceplein 6, T 03 231 37 51, tgl. (außer So) 10–12.30 u. 14–17 Uhr

Erstes Auftragswerk

St. Pauluskirche 🕮 Karte 2, C 3
Die Ersten, die in Antwerpen ein Werk von Rubens für ihre Kirche in Auftrag gaben, waren die Dominikaner. Für die St. Pauluskirche fertigte Rubens 1609 zwei Altarstücke und arbeitete später mit 10 Künstlern an der Serie »15 Mysterien des Rosenkranzes«. Er war es auch, der sich dafür einsetzte, eine Madonna von Caravaggio für die Kirche zu kaufen. Heute gilt die Kirche als ein »barockes Juwel in einem gotischen Gewand«. Hinter der Pauluskirche erreichen Sie über einen Kutscheneingang einen ruhigen Garten mit Lourdes-Grotte.

Auch in Japan kennt man die Geschichte von Nello und Patraschke: »A dog of Flanders« hat sogar ein Manga inspiriert.

Sint-Paulusstraat 22, T 03 231 33 21, tgl. 14–17 Uhr

Erste Pfarrkirche von Rubens

St. Andreaskirche 🕮 Karte 2, C 5
In der St. Andreaskirche half Rubens wohl schon als Teenager seinem Lehrmeister Otto van Veen, ein Bild für den Chor zu beenden. Später wurde in dieser Kirche auch seine Heirat mit Isabella Brant verzeichnet, und ihre Kinder Clara Serena und Albert wurden hier getauft.
Augustijnenstraat, www.sint-andrieskerk.be, Mo–Fr 9–12, Sa 10–12, April–Okt. 14–17 Uhr

Eine Hochzeit und ein Todesfall

Jakobskirche 🕮 Karte 2, D 4
In der Jakobskirche heiratete Rubens nach dem Tod Isabellas im Jahr 1630 die siebzehnjährige Helene Fourment, die ihm auch als Modell diente. Zehn Jahre später wurde er hier begraben, nicht ohne zuvor selbst die Madonna für seine Grabkapelle gemalt zu haben. Startet von der Jakobskirche der Antwerpener Pilgerweg nach Santiago de Compostela, ist die Kirche durch Rubens selbst eine Art Pilgerort geworden: Auch Leopold Mozart kam mit dem jungen Wolfgang hierher, um das Grab des Barockmeisters zu besuchen.
Lange Nieuwstraat 73, T +32 491 999 957, www.sintjacobantwerpen.be, April–Okt. tgl. 14–17 Uhr

Ein Junge, ein Hund und andere Kathedralenbesucher

Liebfrauenkathedrale
🕮 Karte 2, C 4
Auch die Kathedrale (► S. 23) ist und war ein Ort für Rubens-Pilger. Zu #rubensinspires durfte sogar übernachtet werden. Ein berühmter Rubens-Fan war der kleine Waisenjunge Nello, der mit seinem Freund, dem Streunerhund Patrasche, jeden Tag die vier hier ausgestellten Werke von Rubens bewundern kam – so heißt es jedenfalls im 1872 veröffentlichte Roman »A dog of Flanders«, der mehrmals verfilmt und besonders in Japan und Korea zu einem Kinderklassiker geworden ist. Heute sind Nello und Patrasche vor der Kathedrale in einer Statue des Künstlers Tist verewigt.

Pause. Einfach mal abschalten

Genug vom Shopping und vom Hafen, keine Lust auf Glockenspiel und schon gar nicht auf andere Touristen? An den auf diesen zwei Seiten gelisteten Orten in Antwerpen können Sie dem Trubel entgehen, entspannen und Kräfte für Ihre weiteren Erkundungstouren tanken.

Erholung vom Konsumrausch

Botanischer Garten Karte 2, D 5

Direkt hinter dem Modeviertel kann man einfach die Taschen ablegen und im Grünen entspannen. So wie die Antwerpener, die in der Mittagspause mit ihren Butterbroten in den Botanischen Garten kommen. Vor 200 Jahren wurde »Den Botaniek« von den Schwestern des Elisabethkrankenhauses als Heilgarten angelegt. Seit 1950 steht der Garten unter Denkmalschutz.

Leopoldstraat 24, Sommer tgl. 8–18, Winter 8–17.30 Uhr, Eintritt frei

Rast beim »Schwarzen Panther«

Zwarte Panter Karte 2, B 4

Die Kunstgalerie Zwarte Panter mit ihren neun Räumen, einem idyllischen Innenhof und einer kleinen Kapelle befindet sich an der Stelle, an der 1303 ein günstiges Gasthaus stand. Dort konnten sich arme Pilger ausruhen – und auch heute noch lässt sich hier Kraft tanken.

Hoogstraat 70-72-74, Meir, www.dezwartepanter.com, Eintritt frei; **Galerie:** Do–So 13.30–18 Uhr

Kirche, Kulturerbe und Kaffee

Hendrik-Conscience-Platz und Bibliothek Karte 2, C 4

Vor ca. fünfzig Jahren standen statt Cafétischen noch Autos auf dem Hendrik Conscienceplein, bis sich die Bevölkerung dafür einsetzte, ihn zum ersten autofreien Platz der Stadt zu machen. Zwei Antwerpener Kunstgrößen – Panamarenko und Hugo Heyrrman – veranstalteten dafür 1968 sogar ein Happening, 1972 war es schließlich so weit. Heute kann man auf dem Platz wunderbar entspannen, ob bei einem Latte Macchiato, in der barocken Karl-Borromäus-Kirche (► S. 34) oder in der Hendrik-Conscience-Kulturerbe-Bibliothek. Besonderer Schatz der Bibliothek ist der Nottebohm-Saal, in dem über 150 000 Bände auf zwei Etagen verteilt sind. Auch zwei berühmte Globen stehen hier. Kein Wunder, dass man den Saal für Filmaufnahmen mieten kann! Eine Besichtigung geht leider nur mit einer Führung, bei Lesungen oder Konzerten.

Hendrik Conscienceplein 4, T 03 338 87 10, www.consciencebibliotheek.be

Lesezeit

Literaturhaus und Unicampus

Karte 2, C 4/5

Das Letterenhuis mitten im Univiertel ist das zentrale und größte Literaturarchiv Flanderns. Modern und künstlerisch werden die Themen präsentiert, sodass sie auch für nicht Niederländisch sprechende Besucher interessant sind. Ruhe findet man im Lesesaal. Bei schönem Wetter lieber ein paar Schritte weiter zum Stadtcampus der Universität gehen. Der Innenhof ist *geweldig* – einfach wow!

Letterenhuis: Minderbroederstraat 22, T 03 222 93 20, www.letterenhuis.be; Museum Mo, Fr und So geschl.; Lesesaal Mo–Fr 8.30–16.30 Uhr

Go North!

Park Spoor Noord E 2

Auf dem Gebiet des ehemaligen Betriebsbahnhofs im Damviertel entstand 2009 dieser 24 ha große und 1,6 km lange Park, den die Antwerpener sofort in ihr Herz geschlossen haben. Die neu angelegte, riesige Rasenfläche schuf eine Verbindung zwischen dem Damviertel, dem

Eilandje und dem an das Bahnhofsviertel angrenzende Seefhoek. Mittlerweile sind die alten Betriebshallen Sporteinrichtungen für die ganze Familie, in einer der Hallen ist die zu Gå Nord (► S. 28) gehörende Bar Noord untergebracht, in der man im Sommer auch gemütlich brunchen kann. Daneben gibt es einen Skaterpark, in dessen Verlängerung man zum Eilandje (► S. 26) kommt.

Bar Noord: Mai–Okt., https://barnoord.be, tgl. 10–24, Brunch von 10–13 Uhr

Statuen und Bikinis

Stadspark 🕮 D/E 5/6

14 ha groß ist der im Süden an das Diamanten- und an das Theaterviertel angrenzende Stadspark. Er ist ein Überbleibsel von Fort Herentals, einer Vorfestung der ehemaligen Stadtmauer. Der historische Park ist mittlerweile denkmalgeschützt und wird einer gründlichen Renovierung unterzogen, an der Stelle des 2010 verwüsteten Café Capital soll eine neue Einkehrmöglichkeit hinkommen. Im Park gibt es einen schönen See, der im Sommer zum Sonnenbaden einlädt, und jede Menge romantischer Statuen.

Im Dreieck eingefasst von den Straßen Rubenslei, Quinten Matsijslei und Van Eycklei, tgl. rund um die Uhr geöffnet

Da will ich wohnen!

Zurenborg-Viertel 🕮 F/G 7

Die prachtvollsten Jugendstilvillen stehen im Zurenborg, insbesondere in der Cogels-Osylei. Fast alle Häuser sind zwischen 1894 und 1908 entstanden. Mehrere von ihnen verbindet ein bestimmtes Thema: etwa die vier Jahreszeiten der Eckhäuser an der Kreuzung Waterloostraat und General Merlenstraat. Dem Sonnenblumenhaus (Cogels-Osylei Nr. 50) folgt das Tulpenhaus und daneben das Haus mit der Iris. Wer hier übernachten möchte, fragt bei Baron Osy (► S. 39) an.

Denkmal für eine Schildkröte

Zoo 🕮 F 5

Viele Antwerpener Familien sehen den 1843 gegründeten Zoo als ihren Garten an und haben eine Jahreskarte. »Als Hommage an Mieke. Weil ich nicht weiß, ob ich sie ertränkt habe«, heißt es am Eingangstor unter dem Mosaik von 1977 für die Schildkröte Mieke. Dahinter steckt der Antwerpener Künstler Jan Fabre. Auch er war als Kind jede Woche im Zoo. Das Denkmal für seine einstigen Haustiere Janneke und Mieke steht heute noch vor dem Eintrittsschalter.

Koningin-Astrid-Plein 26, www.zooantwerpen.be, tgl. 10–16.45 Uhr (Winter), 19 Uhr (Sommer), Eintritt 26,50 €

Eindrucksvolle Hallen wie hier das Elefantenhaus machen einen Besuch im Antwerpener Zoo auch zu einem architektonischen Erlebnis.

Schick gebettet

In der Modestadt Antwerpen können Sie sicher sein, auch zum Übernachten stylische Angebote zu finden. Ob im Art-Nouveau-Haus im Stadtteil Zurenborg oder im Modeviertel, am Hauptbahnhof oder im Hafenviertel: Design ist wichtig! Einige Hotels und Gästehäuser sind wiederum von Rubens inspiriert, barocke Wände und/oder Putten inklusive.

Für Design-Fans
Raphael Suites Karte 2, D 5
Direkt gegenüber vom Rubenshaus, auf der Wapper, liegt dieses mehrere Suiten umfassende Art-Nouveau-Haus. Mitten im Mode- und Designviertel ist es fast ein Muss, dass alle Zimmer mit Designer-Möbeln eingerichtet sind: Egg Chair, Tulip Table, Thonet-Stuhl und Arco-Lampe wirken selbstverständlich. Frühstück gibt es nicht, aber dafür kann man ja ausgehen – zum Beispiel in das benachbarte Bourla-Theater.
Schuttershofstraat 55/Wapper 18, T 03 707 24 54, www.raphaelsuites.be, ab 130 €

Oh, Rubens!
Hotel O Kathedral Karte 2, C 4
Wie in einem Gemälde von Rubens fühlt man sich in den stylisch eingerichteten Zimmern dieses Hotels, das direkt gegenüber der Liebfrauenkathedrale liegt. Ob Doppelzimmer oder Familienzimmer – jedes ist von oben bis unten ein Kunstwerk. Von hier aus hört man das Carillon – ganz ruhig ist es so mitten im Zentrum eben nicht! Dafür kann man sich direkt ins Getümmel stürzen und es sich in der mit Vintage-Radioempfängern und Lautsprechern eingerichteten hauseigenen Bar O gut gehen lassen.
Handschoenmarkt 3, T 03 500 89 50, https://hotelokathedral.com, DZ ab 109 €

Marmorstein und Vintagelook
Indigo E 4
Zimmer in Rosé-, Petrol- oder Indigo-Tönen, dazu viel helles Holz, weißer Marmor und Pflanzen: Das trendig eingerichtete Hotel liegt direkt am Bahnhof und ist, wie auch das Duschgel im Bad sagt: *Moooi!!!* (Einfach schön!). Auf den Zimmern gibt es Nespresso-Maschinen und beim Frühstück Waffeln zum Selbermachen. Im Hof kann man in Hängematten und Acapulco-Sesseln chillen.
Koningin Astridplein 43, T 03 369 59 99, www.hotelindigo.com, DZ ab 136,80 €

Oase im Urban Jungle
Hotel Julien Karte 2, C 4
Direkt neben der Henri-Conscience-Kulturerbebibliothek ist das Hotel Julien eine Stil-Oase für alle, die sich neben Kultur, Sightseeing und Shopping gediegen entspannen möchten. Sie haben die Wahl zwischen »Julien Mood Room«, »Julien Dreamer Room« und »Experience«, von DZ bis Suite. Die Zimmer sind hell und mit Designmöbeln eingerichtet, im Restaurant knistert der Kamin und im Spa können Sie »Young and Beautiful« bleiben. Der Spa-Service ist übrigens

ALTES HAUS

Im ältesten Wohnhaus von Antwerpen ist heute ein **Airbnb** untergebracht. 12 Personen haben in dem 1480 erbauten Holzhaus Platz; ganz billig ist die Übernachtung allerdings nicht (Toelstraat 11, Antwerp., https://fr.airbnb.be/rooms/7909292?guests=1&adults=1).

nicht in der Übernachtung inbegriffen und kann auch von Nicht-Hotelgästen genutzt werden.

Korte Nieuwstraat 24, T 03 229 06 00, www.hotel-julien.com, DZ ab 169 €

Mit Blick auf's MAS
U Eat&Sleep Antwerp C 2

»U« heißt »Sie« im Niederländischen und will in diesem Fall heißen: Hier wird alles getan, damit Sie sich wohlfühlen. »As soon as I saw U, I knew a great adventure was going to happen«, verspricht ein Spruch an der Wand. Die 15 Zimmer sind »cosy«, »charming« oder versprühen einen Hauch von »luxury«. Sie müssen sich nur noch entscheiden, ob Sie auf das MAS oder auf den Yachthafen schauen möchten, oder ob Sie eine Badewanne oder Dusche wollen. Zum Thema »U Eat«: Das Restaurant zählt zu den besten Adressen im Eilandje und kann auch unabhängig von einer Übernachtung besucht werden.

Nassaustraat 42, T 03 201 90 70, www.u-eatsleep.be, DZ bis 175 €

An der Kirchenmauer
Guesthouse Bernardin Karte 2, D 4

Ein Ferienhäuschen mitten in Antwerpens Altstadt? Doch, das gibt es, sogar in dreifacher Ausführung und Wand an Wand mit der St. Jakobskirche, in der Rubens begraben ist. Im Sommer kann man im schönen Innenhof sitzen, bei Hunger im Bernardin Restaurant lecker essen. Frühstück serviert der Chef aufs Zimmer.

Sint-Jacobsstraat 3, T 03 213 07 00, Mobil 0472 800 444, www.bernardin-antwerpen.be, Gasthaus ab 170 € (Ermäßigungen möglich)

Herrenhaus
Baron Osy südl. G 7

Gediegen wohnt man im Zurenborg, einem der schönsten Art-Nouveau- und Art-déco-Viertel Antwerpens. Das Herrenhaus liegt an der Prachtstraße schlechthin und versprüht vom Eingangsbereich bis in die drei Suiten den Charme des Fin de siècle.

Cogels-Osylei 56, T +32 499 202 680, www.baron-osy.be, Suite ab 153 €

Belgisch schlemmen

Die Zeiten, in denen Waterzooi (Hühnereintopf) und Stoofvlees (Ragout) die Essgewohnheiten der Belgier dominiert haben, sind vorbei. Natürlich findet man die Nationalgerichte nach wie vor in traditionellen Restaurants, aber moderne Lokale setzen auf internationale Haute Cuisine. Dabei sind auch die Lokale mit mittlerem Preissegment deutlich höher angesetzt als in Deutschland. Belgier essen gern – und geben dafür auch gerne etwas aus. Vor allem in Antwerpen findet man Restaurants in ungewöhnlichen Locations: in alten Speicherhallen (Felix Pakhuis) und alten Kirchen (The Jane). Es gibt auch Concept Stores (► S. 42) und gute Restaurants in Museen (im MUHKA und im MAS (► S. 31, S. 28). Wer mehr entdecken möchte: Auf »New Places To Be« findet man die Hotspots und New Kids (https://newplacestobe.com).

Tägliches Brot
Le Pain quotidien

Der etwas andere Bäcker, der 1990 in Brüssel gegründet wurde, 2003 seinen Sitz nach New York verlegt hat und seitdem in den Metropolen der Welt zuhause ist, hat auch mehrere Niederlassungen in Antwerpen: in der Steenhouwersvest Nr. 48 (Karte 2, C 5), am Graanmarkt Nr 6. (Karte 2, D 5) und in der

Lange Kievitstraat Nr. 107 (F 5/6). Die schönste Filiale ist für mich jedoch in Gent: im alten Postamt am Korenmarkt (► S. 66).

www.lepainquotidien.com, **Graanmarkt:** tgl. 7–20 Uhr, **Kievitstraat und Steenhouwersvest:** Mo–Sa 7–19, So 8–18.30 Uhr

Allererste Cornflakes-Bar

Cereal Heaven Karte 2, C 4

Ein Himmel für Freunde von Frühstückscerealien à la Kellogg's! Von Frosties bis Tresor gibt es alles, was sonst eher verpönt ist auf der Brunchauswahl trendiger Cafés. Für Farbkleckse sorgen Gummibärchen, Smarties oder frische Früchte, und auch die vielen Originalpackungen, die wie in einem Tante-Emma-Laden zur Schau gestellt werden.

Vlasmarkt 30, www.cerealheaven.com, Di–So 9–17 Uhr, Mo geschl.

Reicher Armer Ritter

Caravan östlich E 2

Den ganzen Tag über brunchen kann man bei Caravan am Damplein – zwischen Park Spoor Noord und dem Eilandje. Vom Armen Ritter, der hier Wentelteeftje heißt, bis zum Oosterse Omelet – herzhaften »östlichen« Pfannkuchen – gibt es eine riesige Auswahl in dem gemütlichen kleinen Café. Da alles frisch gemacht wird, kann es auch mal sein, dass ein Gericht nicht mehr da ist. In den Sommermonaten kann man einen Picknickkorb für den Park Spoor Noord bestellen.

Damplein 17, http://decaravan.be, T 03 297 68 52, Mi–Fr 8–15, Sa/So 9–15 Uhr

Theatralisch brunchen

De Foyer Karte 2, D 5

Im Bourla-Theater bruncht man stilvoll unter der beeindruckenden Glaskuppel des reich verzierten Saales. Von 10 bis 12 Uhr gibt es klassische Livemusik.

Komedieplaats 18, www.bourlaschouwburg.nu, Brunch 24,50 € (Getränke inkl.), Kinder zahlen die Hälfte

Gegen die Charme-Offensive

Fritkot Max Karte 2, C 4

In der ältesten Frittenbude der Stadt, in der auch ein kleines Museum untergebracht ist, geht es mitunter etwas ruppig zu. Verzeihen Sie es den Betreibern und sehen Sie es als das an, was es im Grunde sein soll: ungeschminkte flämische Herzlichkeit.

Groenplaats 12, T +32 474 886 383, www.fritkotmax.be, tgl. 12–24 Uhr

Essen als Religion

The Jane südl. F 7

Ja, es ist teuer. Aber haben Sie schon mal in einer alten Kirche bei einem (2-Michelin-) Sternekoch gegessen? »Essen ist unsere Religion«, beteuert der vielgelobte Chef Nick Bril und begründet damit auch, warum die offene Küche an der Stelle steht, wo früher der Altar war. Genau wie die Küche sind die neu gestalteten Glasfenster der alten Kirche eine Kunst für sich. Vergessen Sie den Preis und lassen Sie es sich einfach gut gehen. Auch für Vegetarier gibt es fein zusammengestellte Optionen für das 11-Gänge-Menü. Wesentlich erschwinglicher ist die Upper Room Bar mit klassischen Bistro-Gerichten. Für beide Varianten muss man im Voraus buchen – bis zu 3 Monate für

K
KAFFEE

Als Hafenstadt hat Antwerpen den größten Kaffeespeicherplatz der Welt – mehr als 250 000 t Kaffeebohnen werden gleichzeitig gelagert, genug für 27 Mrd. Tassen! Die Cafés werden mit den besten Bohnen beliefert, rösten diese meist selbst und bieten kleine Gerichte und Brunches an. »Mutter« vieler Coffee Bars ist **Caffénation,** das seine eigenen Nespresso-kompatiblen Kapseln entwickelt hat. Diese sind nicht nur ökologisch abbaubar, sondern haben auch witzige Namen: CapsSaul, RoastEd und Mister LGB (D 6, u. a. im Mechelsesteenweg 16, www. caffenation.be, Mo–Fr 8–18, Sa 9–18, So 10–18 Uhr).

das Restaurant, »nur« 1 Monat für die Bar. Falls Sie Ihren Geldbeutel schonen wollen: Co-Gründer von »The Jane« ist der Sternekoch Sergio Herman, der mit Frites Atelier (► S. 21) das Edel-Konzept der Frittenbude entwickelt hat.
Paradeplein 1, T 03 808 44 65, www.thejane antwerp.com, unbedingt reservieren, 11-Gänge-Menü 160 € p. P.

Die heilige Kneipe
Elfde Gebod Karte 2, C 4
In einer anderen Klasse als bei The Jane, aber dennoch in einem originell sakralen Ambiente sitzt man im »Elfte Gebod«, das nach eigenen Angaben ein »holy pub« ist. Hier wimmelt es nur so von Heiligen: Die Wände sind Altarbilder, von überall blicken Statuen herab und an der Hausfassade, begleitet von einer Schar Putten, wacht Maria (wie übrigens an vielen anderen Hausfassaden in Antwerpen, wenn auch ein wenig diskreter). Wer zum »Holy Last Meal« kommen möchte, sollte online reservieren.
Torfbrug 10, T 03 288 57 33, http://11gebod.com

Brunch-Insel
Tinsel B 6
Mit einem Besuch beim MUHKA oder FOMU verbinden lässt sich ein (ganztägig mögliches) Frühstück in dem beliebten Trendcafé Tinsel (Lies: 't Insel – das T ist ein beliebter Artikel-Abkürzer).
Reservieren geht leider nicht! Vlaamsekaai 40, www.tinsel.be, Mo–Fr 8.30–18, Sa/So 9–18 Uhr

Lecker belegte Brote
Tartine Karte 2, C 4
30 verschiedene Variationen, für ein belegtes Brot – ob mit Humus oder Lachs oder gegrilltem Gemüse. Dazu selbstgemachte Eistees, die so herrlich präsentiert sind, dass man sie eher »Eiscocktail« nennen möchte. Auch die heiße Schokolade ist ein Gedicht in dieser Kneipe, die genauso gut im Prenzlauer Berg stehen könnte. Morgens gibt es das Ganze auch als Frühstücksoption mit *pistolets,* wie (die sehr beliebten) Kaiserbrötchen in Belgien heißen.
Minderbroedersrui 60, www.maisontartine.be, Mo–Fr 8–17, Sa 9–17, So 9–16 Uhr

FÜR DEN KLEINEN HUNGER

Belgisches Gold: French fries wie im Fritkot Max sind urbelgisch und kommen mit rund 20 verschiedenen Soßenvarianten daher: von Ketchup und Mayo bis Andalusisch und Samurai. Trüffelsoße gibt es im Edelkonzept der Frittenbude: dem Frites Atelier von Sternekoch Serge Hermans (► S. 21).

Vegetarisch
Wild Project Karte 2, C 4
Wild ist hier nur der Name – das Projekt hingegen sehr zeitgemäß und wunderbar gelungen: vegetarische Küche auf feinstem Niveau. Das kleine Lokal ist vollbehangen mit Pflanzen und bietet raffinierte Gerichte mit lokalen Zutaten an. Dazu gibt es biologischen Wein.
Grote Pieter Potstraat 21, T +32 477 445 312, www.wildproject-antwerp.com, Mi–So 17.30–21 Uhr

Bundeshauptstadt auf flämisch
Berlin Karte 2, C 5
Falls Sie Heimweh nach Deutschland haben, hat dieses Eetcafé den passenden Namen. Im Sommer verbreitet die Terrasse einen Hauch von Friedrichshain – ansonsten stehen eher belgische Brasserie-Klassiker auf dem Programm: Kroketten, Stoemp, Steak, …
Kleine Markt 1, www.berlin-antwerpen.be, So–Do 10–22, Fr/Sa 10–23 Uhr

Mode-Mekka Antwerpen

Antwerpen verdankt seinen Ruf als Mode- und Designhauptstadt unter anderem den »Antwerpener Sechs«, die 1988 mit einem gemieteten LKW zur Fashion Week nach London aufbrachen und dort die Aufmerksamkeit der Modewelt erhielten.
Die Kreationen dieser sechs Designer (Walter Van Beirendonck, Dirk Bikkembergs, Ann Demeulemeester, Dries van Noten, Dirk Van Saene und Marina Yee) sind heute im Modemuseum (► S. 21) zu besichtigen. Sind die Antwerpener Sechs mittlerweile eher etwas für Betuchte, bekommt man günstigere Designerklamotten auch in Concept Stores, wo außerdem noch Pflanzen, Tees, und oft auch das gesamte Inventar inklusive Möbeln käuflich erworben werden kann (z. B. JUTTU, YOUR, Moose in the City – letzterer hat 2019 den Lesesaal des DIVA Diamantenmuseums gestaltet).

Second Life für schöne Kleider

Think Twice Karte 2, C 5

Das Konzept ist einfach: Alle sechs Wochen wechselt das Angebot, in den letzten zwei Wochen gibt es noch mal Rabatt. Finden kann man dabei so ziemlich alles, von Cowboystiefeln bis Spitzendeckchen! Anlässlich des 10. Geburtstags der ersten T2-Filiale in der Antwerpener Kammenstraat 2017 wurde ein eigener Katalog herausgebracht, der auch die Philosophie von »T2« erklärt: Alle Kleider kommen von dem Reyclingcenter »Humana People to People« in Litauen, wohin sie auch zurückgeschickt werden, falls sie nicht verkauft werden sollten – aber die Auswahl ist so toll, dass das eigentlich selten passiert.
Wer in der Kammenstraat nicht fündig wird, kann sein Glück in den drei anderen Antwerpener und den zwei Genter Shops probieren. Auch in Brügge (St. Jakobsstraat) ist einer der insgesamt neun belgischen Läden zu finden.

Kammenstraat 85, T +32 491 528 464, https://thinktwice-secondhand.be, Mo–Sa 10–18 Uhr

Modernes Vintage

Who's that girl/Wow to go

Karte 2, C 5

Seit 2002 verbreitet »Who's that girl« mit farbenfrohen Kleidern im Vintage-Style gute Laune – die Girls von einst sind heute europaweit in 300 Läden vertreten. In der Wiegstraat ist einer der sechs »Feel-Good«-Stores, die mittlerweile um die »Basics«-Variante »Wow to go« bereichert wurden.

Wiegstraat 6, T 03 345 92 55, www.whosthatgirl.eu, Mo–Do, Sa 10–18, Fr 10–18.30, 1. So im Monat 12–18 Uhr

Mehr als das Wesentliche

Essentiel Antwerp Karte 2, C 5

Mit T-Shirts hat alles angefangen – vier Modelle, 20 verschiedene Farben, das alles im Jahr 1999. Farbenfroh ist Essentiel noch heute, aber das Sortiment ist mittlerweile deutlich schicker als es T-Shirts je sein können. Das Outlet in der Kammenstraat ist eine kleine Schatzkammer.

Kammenstraat 56, T 03 233 89 43, www.essentiel-antwerp.com, Mo–Sa 10–18 Uhr

Aller guten Dinge

Sienna Goodies Karte 2, C 5

In der Lombardenvest 56 und mit »modern romantischer« Mode ist Sienna 2005 gestartet. Seitdem sind Sienna & Lois für »Street Fashion« und

Sienna & Faye für die extravagante Option hinzugekommen. Alle drei haben nur Newcomer und Eigenmarken im Sortiment und firmieren unter »Sienna Goodies« mit einem gemeinsamen Internetauftritt.

Lombardenvest 56, T 03 227 36 66, www.siennagoodies.com, Mo–Do 10–18, Fr/Sa bis 18.30 Uhr

Retro-Lifestyle

SeventyOne Karte 2, B 5

Beste Adresse für bunte Kleider mit Kirschen, pinken Flamingos oder grafischen Motiven. Hier gibt es eine riesige Auswahl an Damenbekleidung von Kopf bis Fuß. Passend zum Ambiente werden auch Vintage-Postkarten und Taschen verkauft, und im Online-Shop wird sogar Brautmode im Retro-Chic angeboten. Der Laden ist sonntags geöffnet und hat seit 2017 und 2018 Filialen in Gent und Brügge. Dabei hat vor einigen Jahren alles ganz klein angefangen – mit einem Stand auf dem Vogelmarkt (► S. 21).

Kloosterstraat 79, T +34 491 082 797, www.seventyone.be, Mo–So 12–18 Uhr

3 in 1

Graanmarkt13 Karte 2, D 5

Hier wurde die Idee des Concept Stores von oben bis unten, über fünf Etagen hinweg umgesetzt: Das Haus ist Restaurant, Shop und Apartment in einem. Im Restaurant werden nur lokale Produkte verarbeitet (► S. 21), im Shop werden sorgfältig ausgewählte Objekte verkauft und in der früheren Wohnung von Tim und Ilse, den Initiatoren von Graanmarkt13, kann man nun wunderbar stylisch übernachten.

Graanmarkt 13, T 03 337 79 91, https://graanmarkt13.com, Shop Mo–Sa 10.30–18.30 Uhr

Bleiben Sie doch einfach hier!

Stay Antwerp Karte 2, C 5

Concept Store für Sie – will meinen: sie und ihn. Seit 2013 mischen Tinne und Stephanie Mode, Lifestyle und Café in ihrer kleinen Boutique, die direkt in der Flucht der Modenatie liegt. Nur schade, dass man die schönen Fliesen nicht abkaufen kann!

Nationalestraat 49, www.stay-antwerp.be, Mo u. 1. So im Monat 12–17, Di–Sa 10–18 Uhr

FLOHMARKT

Dass in der Barock- und Designstadt auch prima Antiquitäten und Vintageobjekte gekauft werden können, versteht sich von selbst. Jeden Sonntag findet man tolle Angebote auf dem Flohmarkt am Sint-Jansvliet/in der Kloosterstraat (B 4/5). Die vor einigen Jahren noch ziemlich heruntergekommene Straße hat sich zu einem Hotspot für angesagte Shops und Cafés entwickelt und hat auch einen eigenen Internetauftritt: www.kloosterstraat.com.

Nachhaltigkeit für alle

Rewind Design B 6

Ausschließlich aus recycelten Materialien bestehen die Möbel, der Schmuck und die Deko-Objekte, die Stijn und Liesbet in ihrem Shop in der Riemstraat verkaufen. Das Ganze nur für Kinder gibt es im Play Shop in der Kloosterstraat 63.

Riemstraat 27, www.rewinddesign.be, Mi–Sa 11–18, Di u. So 13–18 Uhr

Diamonds and pearls

Nadine Wijnarts Karte 2, B 5

1987 gewann Nadine den Preis des Hohen Diamantenrates. Seitdem hat sie neben Diamantenschuck viele Klassiker, aber auch mindestens ebenso viele Einzelstücke geschaffen, die eine ganz eigene Geschichte erzählen.

Kloosterstraat 26, T 048 464 33 03, www.nadinewijnants.be, Fr/Sa 11–18 Uhr und nach Absprache

Eine Stadt im Lesefieber

't Stad leest Karte 2, C 5

Wie könnte man schöner eine ganze Stadt zum Lesen motivieren? Hase Miffy begrüßt am Eingang des monumentalen Herrenhauses und man kann gar nicht anders, als neugierig hinein zu schauen. Seit 2011 gibt es diese besondere Buchhandlung, in der die Bücher nicht in Regalen, sondern bunt gemischt auf großen Tischen nebeneinanderliegen und automatisch Lust aufs Entdecken machen. Auch eine große Kinderabteilung gibt es. Wer gar kein Buch findet, wird zumindest bei den vielen hübschen Dekoobjekten schwach werden.

Steenhouwersvest 16, T 03 233 08 80, tgl. 11–18.30, So bis 18 Uhr

A GIRL'S BEST FRIEND

Apropos Shopping und Diamanten: Im Museum DIVA und an der Touristinfo finden Sie **»Antwerp's most brilliant«**, eine Broschüre mit Stadtplan, um ohne Probleme die besten Juweliere der Stadt ausfindig zu machen.

Nachtreviere

Wenn die Nacht beginnt, hat man in Antwerpen die Wahl: Oper oder Elektroclub, Schwulencafé oder Jazzkneipe, Kirchenambiente oder Mega-Event im Sportpaleis.

Ein vor Kurzem noch heruntergekommenes Kino ist mittlerweile ein angesagtes Kulturzentrum, eine alte Seifenfabrik wurde zum Szenetreff und ein Club – unter dem Hauptbahnhof! – setzt ganz auf Nachhaltigkeit.

Good vibes

Ampere E 6

Clubben und dabei ökologisch sein: Auf dem Energy Floor wird Energie durch Bewegung freigesetzt und die beim Tanzen abgegebene Wärme funktioniert als Heizungsersatz. Nicht nur physikalische Grundsätze machen das Ampere so anziehend, auch die Lage wirkt wie ein Magnet. Zentraler geht es nämlich wirklich nicht – der Club liegt direkt unter der Eisenbahnbrücke des Hauptbahnhofs Antwerpen Centraal.

Simonsstraat 21, https://ampere-antwerp.com, Fr–Sa 23–7 Uhr

Himmlischer Konzertsaal

AMUZ Karte 2, C 5

Das Musikzentrum in der ehemaligen Klosterkirche der Augustiner hat eine unglaubliche Akustik und, 400 Jahre nach seinem Bau, auch herausragende neue Kunstwerke: Der Antwerpener Künstler

Jan Fabre (► S. 37) hat drei Altarbilder in dem für ihn typischen Skarabäus-Grün geschaffen. Noch ein Grund also, das AMUZ zu besuchen (außerhalb der Konzerte geht das nur bei gebuchten Führungen). Auf dem Programm stehen Klassik und auch Kinderkonzerte.

Kammenstraat 81, **Kartenvorverkauf:** T 03 292 36 80, www.amuz.be, bei Info Cultuur Wisselstraat 12 am Di/Do 13–16 bzw. Fr/Sa 10–17 Uhr

Cinema Paradiso

De Roma östl. G 5

Der 1928 erbaute Cinema- und Varietésaal Roma im Stadtteil Borgerhout stand bis vor einigen Jahren noch leer und verfiel. Renovierungen haben das seit 2002 denkmalgeschützte Gebäude mittlerweile in eines der »schönsten Häuser Antwerpens« (so die offizielle Auszeichnung) verwandelt und zu einem Ort werden lassen, an dem Konzerte, »Thés dansants« und viele andere Kulturveranstaltungen stattfinden.

Turnhoutsebaan 286, T 03 600 16 60, www.deroma.be

Graffiti, Club und Kunst

Meatpack östl. E 2

Im Damviertel, wo früher das Fleisch verpackt wurde, ist diese alte Seifenfabrik heute ein angesagter, alternativer Treff mit Kunst, Foodtrucks, Mode, Musik und Nachtclub. T.A.G.S, das Antwerpener Graffiti- und Streetartmuseum, ist genauso hier untergekommen wie eine Künstlerwerkstatt und ein Observatorium, das zum eigentlichen Club, der Musik Box, führt. Plüschige Teppiche bilden einen krassen, aber extrem angesagten Kontrast zum urbanen Flair der riesigen Halle.

Samberstraat 40, www.meatpack.be, Fr/Sa 23–5 Uhr

Regenbogenfarben

Hessenhuis Karte 2, D 3

»Gay to gay – day to day«, lautet das Motto des Hessenhauses, das seit 1993 eine Institution in der Antwerpener Schwulenszene ist. Geschichte steckt auch dahinter: Im 16. Jh. wurde das Haus von der Deutschen Hanse erbaut, freitags

Auch gute Musik findet man in Antwerpen. Bei einem Konzert von Prince trat Selah Sue im Vorprogramm auf – heute ist sie selbst ein Star.

und samstags legen DJs auf (Happy Hour von 23 auf 24 Uhr auf alle Spirituosen) und donnerstags gibt es den »drink of the day«. Tagsüber gemischtes Publikum.

Falconrui 59, T +32 477 220 193, www.hessenhuis.com, Di–Fr 11–3, Sa 16–4, So 19–4 Uhr

Die Muse des Jazz

De Muze Karte 2, C 4

Ein Himmel für Jazzliebhaber, gleich hinter der Liebfrauenkathedrale. Livemusik gibt es unter der Woche ab ca. 21 Uhr, am Wochenende um 22 Uhr. Agenda checken! Vom Balkon hat man übrigens einen tollen Blick auf die Band.

Melkmarkt 15, https://jazzcafedemuze.be

Pop und Rock statt Sport

Sportpaleis Antwerpen östl. E 2

Der Sportpaleis ist die größte Veranstaltungshalle im Land. Hierhin kommen die Stars – Lady Gaga, Coldplay, Madonna, U2 … Meistens sind die Karten schon Monate im Voraus ausverkauft, aber wer weiß, vielleicht sind ja noch ein paar Karten übrig …

Schijnpoortweg 119, 2170 Merksem, www.sportpaleis.be, u. a. mit Premetro Linie 3 und 5, Tram 12 zu erreichen

BASIC FIT
ellis GOURMET BURGER
ellis GOURMET BURGER
ellis
GOURMET BURGER

Gent

Gent ist eine Studentenstadt – das verraten schon die zehntausend Fahrräder, die täglich am Hauptbahnhof Sint Pieters abgestellt werden. Sonntags gesellt sich ein Biomarkt zu den Drahteseln und in den Straßen um den Bahnhof herum finden sich kleine aber feine Lebensmittelhändler. Nicht nur studieren, auch leben lässt es sich hier gut. Umweltbewusstsein gehört da natürlich dazu: Mit zahlreichen Maßnahmen wird seit Jahren versucht, den ökologischen Fußabdruck zu begrenzen, im Verkehr, im Hotelwesen und auch in der Gastronomie. Gent gilt als die Veggie-Hauptstadt des Landes!

\# 6

Wen die Muse küsst – **Gent-Sint-Pieters und Museumsviertel**

Falls Sie sich nicht gleich mit der Tramlinie 1 ins Getümmel der lebhaften Genter Altstadt stürzen möchten, können Sie es ruhiger angehen lassen und zuerst die Gegend um den Bahnhof erkunden. Der Citadelpark ist eine Oase der Ruhe, ebenso wie der Park und die Uferpromenade am Bijloke-Kulturzentrum, wo auch Kunst- und Kulturliebhaber voll auf ihre Kosten kommen.

Am Bahnhof Sint Pieters kann man schon in der Eingangshalle eine kleine Tour de Flanders machen – alle wichtigen Städte sind in den Wandgemälden vereint.

Wer mit dem Zug in Gent ankommt, landet zunächst in der maurisch anmutenden Schalterhalle mit den kupferstichartigen Darstellungen flämischer Städte. Sie sollten 1913 die Besucher der Weltausstellung empfangen und faszinieren auch heute noch.

Draußen auf dem **Maria-Hendrikaplein** 1 – benannt nach Marie Henriette von Österreich, der unglücklichen Gattin Leopolds II – findet jeden Sonntag von 8 bis 13 Uhr ein kleiner Biomarkt statt. Direkt am Platz liegt auch das **Gents Ecologisch Centrum (GEC) mit Bio-Restaurant Lekker GEC** ❶, das seinem Namen alle Ehre macht, und in der Koningin Elisabethlaan reihen sich Feinkostläden an originelle kleine Boutiquen. »Maison de la Bouffe« heißt es salopp bei **Traiteur Toulouse** ❷. Wenn Sie möchten, lassen Sie sich an der Theke eine Auswahl des Büffets zusammenstellen – im **Citadelpark** 2 können Sie neben der Statue von König Baudouin picknicken, bevor Sie Kunst und Kultur genießen.

Kunst und Geschichte in Park

Im Citadelpark liegen gleich zwei der wichtigsten Genter Museen nebeneinander: das **SMAK – Museum für Moderne Kunst** 3, in dem ausschließlich Wechselausstellungen gezeigt werden, das aber auch eine einladende Cafeteria im Stil der 50er-Jahre hat – und ihm gegenüber das in einem neoklassizistischen Tempel untergebrachte **Museum für Schöne Künste** 4. Das älteste Museum der Stadt, das im Zweiten Weltkrieg stark zerstört, aber eindrucksvoll wiederaufgebaut worden ist, zeigt alle wichtigen Meister: Rubens und Hieronymus Bosch, James Ensor und René Magritte … Und auch die Restaurierung der einzelnen Tafeln des Genter Altars (► S. 54) konnte man hier live mitverfolgen.

Eines der wenigen Überbleibsel der einstigen holländischen Befestigungsanlage, die dem Citadelpark ihren Namen geben hat, ist das **Poortgebouw Citadel** 5, ein neoklassizistisches Tor. Die Zitadelle, die nur von 1819 bis 1870 in Betrieb war, wurde für die Weltausstellung 1913 abgerissen, um dem heutigen Park mit botanischem Garten, Floralienpalast und Musikpavillon (hinter dem Poortgebouw) Platz zu machen.

Für Studenten und Musikliebhaber

Auch die benachbarte **Leopoldkaserne** 6 (Charles de Kerchovelaan 189) belegt die strategische Lage, an der sich die ehemalige Zitadelle befand. Heute beherbergt die Kaserne die Kunst- und Musikhochschule Gent und bietet den Studierenden zwölf Ateliers für Künstler und Proberäume. Ebenfalls

Ü ÜBRIGENS

Achtung, verwechseln Sie das **SMAK** 3 nicht mit dem ebenfalls im alten Floralienpalast untergebrachten **Casino,** das tagsüber mitunter etwas verlassen daherkommt. Der Eingang zum SMAK ist direkt um die Ecke des Baus aus den späten 1940ern.

Was ist denn das? Ein Selfie-Stick in einem Bild aus dem 19. Jahrhundert? Wer von nahem sehen will, was das Mädchen wirklich in seiner Hand hält, findet das Gemälde »Eine Taufe in Flandern« von Félix de Vigne im Museum für Schöne Künste.

zur Kunst- und Musikhochschule gehört der **Bijloke-Komplex** 7 in einer umgebauten Zisterzienserabtei. Der ehemalige Krankensaal aus dem 13. Jh. wurde zur Konzerthalle mit Holzgewölbe umgebaut, im Saal spielen die berühmtesten Orchester des Landes, und während des Gent Jazz Festivals wird die Crème de la Crème des Jazz hierher nach Flandern geholt. Auch das preisgekrönte **Stadtmuseum STAM** 8 mit seinem modernen Café befindet sich auf diesem ganz besonderen Campus.

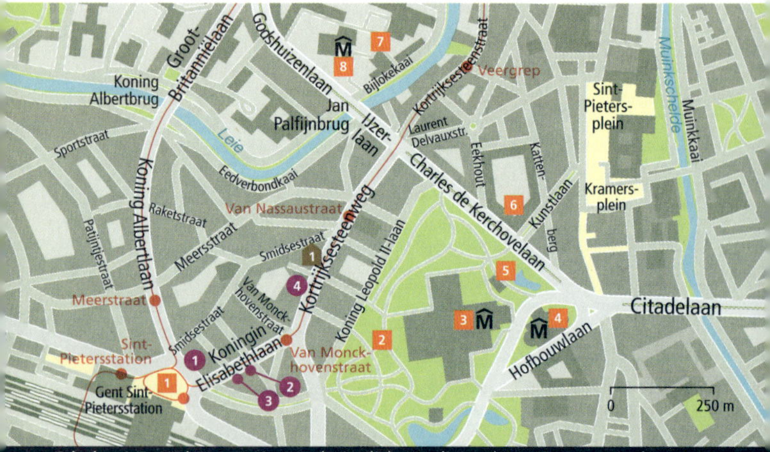

Faltplan A/B 4/5 | Tram 1, 2, 4 und sämtliche Buslinien (Sint-Pietersstation)

INFOS/ÖFFNUNGSZEITEN

SMAK 3: Stedelijk Museum voor Actuele Kunst, Citadelpark, www.smak.be, Di–So 10–18 Uhr

Museum voor Schone Kunsten 4: Citadelpark, www.mskgent.be, Di–So 10–18 Uhr

Muziekcentrum De Bijloke 7: Bijlokekaai 7, www.bijloke.be

STAM 8: Stadmuseum, Godshuizenlaan 2, https://stamgent.be, Sa/So und Schulferien 10–18, werktags 9–17 Uhr

KULINARISCHES FÜR ZWISCHENDURCH

Lekker GEC 1: K.M.Hendrikaplein 6, http://www.lekkergec.be, Mo–Fr 9–22, Sa 12–22 Uhr

Traiteur Toulouse 2: Kon. Elisabethlaan 41, T 092 420 249, www.traiteurtoulouse.be, Mo–Fr 10–19, Sa 10–18 Uhr

Bodega 3: Lecker brunchen oder Tapas essen, Kon. Elisabethlaan 57, T 093 114 307, http://bodega.gent/, Mo–Do, Sa 8.30–16 (Küche bis 15), Fr 8.30 bis 22 (Küche bis 21.30), So 9–14 Uhr

Alix – Table & Jardin d'Amis 4: Hier fühlt man sich wie bei Freunden – besonders im Sommer, wenn der Garten geöffnet ist. Unbedingt reservieren! Kortrijksesteenweg 206, T 093 289 438, https://alixtablejardin.be, Mi–Fr 12–14, 18–21.30, Sa 18–21.30, So 9.30–14 Uhr

ÜBERNACHTEN WIE IN BROOKLYN

Hamptons Boutique 1: ► S. 70

Nah am Wasser gebaut – **entlang der Leie**

Am Bijlokekaai lässt es sich gemütlich in die Genter Altstadt laufen. Vorbei an modernen Lofts mit Anlegehafen im Wechsel mit historischen Herrenhäusern nähert man sich dem Zentrum. Auf der Ajuinlei bieten Antiquare sonntags ihre Bücher feil, und an Gras- und Korenlei – im Herzen der Stadt – gibt es nichts Schöneres, als die Beine über der Leie baumeln zu lassen.

Vielleicht kommt gerade eine HopOnHopOff-Watertram, wenn Sie am **Bijlokekaai** 1 und der Haltestelle »Museumsite« stehen. Richtige Richtung, falls Sie zur St.-Pietersabtei möchten – leider falsch, wenn der Weg in die Altstadt führen soll. Aber zu Fuß gehen ist nicht schlimm: Das

Mit dem Boot fahren oder einfach nur die Beine baumeln lassen? Egal welche Variante: An der Leie kann man prima entspannen.

Ü
ÜBRIGENS

In Gent fließen **Leie** und **Schelde** zusammen. Neben den beiden gibt es auch noch die **Lieve,** die sich im Stadtzentrum mit der Leie verbindet. Alles fließt – und daher kommt auch der Name der Stadt: Das keltische *Ganta* bedeutet **»Zusammenfluss«**.

Leie-Ufer ist grün, liegt ein wenig abseits der Touristenpfade und es gibt interessante alte und neue Gebäude zu sehen – gleich angefangen bei dem noch zum Bijlokekomplex gehörenden **Lod-Theater** 2, einer kleinen, aber anspruchsvollen Bühne für Oper, Theater und Ballett. Das Gebäude diente einst als Geburtenhaus.

Einige Schritte weiter, zwischen Kluyskensstraat und Apotheekstraat, könnte man meinen, in einer englischen College-Stadt gelandet zu sein. Der neogotische **Campus Rommelaere** 3 (Jozef Kluyskensstraat 29), in dem u. a. das Biotechnologie-Institut untergebracht ist, kann im internationalen Vergleich (zumindest äußerlich) durchaus mithalten.

An der **Coupure** 4 heißt es: Autos bitte draußen bleiben. Hier beginnt das Stadtzentrum, in dem montags bis samstags die verkehrsberuhigte »rote Zone« gilt.

INFOS/ÖFFNUNGSZEITEN

Watertram: http://www.hoponhopoff.be
Lod-Theater 2: Bijloke 3, https://www.lod.be
Oper 6: Schouwburgstraat 3, www.operaballet.be

SCHLEMMEN UND SHOPPEN

Balls&Glory 1: Jakobijnenstraat 6, http://ballsnglory.be, Mo–Fr 10–21, Sa 10–21.30 Uhr
Moor&Moor 2: Gegenüber von Balls&Glory kann man bei Moor&Moor vegetarische Delikatessen kaufen, Kaffee trinken und übernachten (Jakobijnenstraat 7, http://moormoor.be, tgl. 9–18 Uhr).
Schleiper 1: Onderbergen 31, www.schleiper.com, Mo–Sa 9–18 Uhr

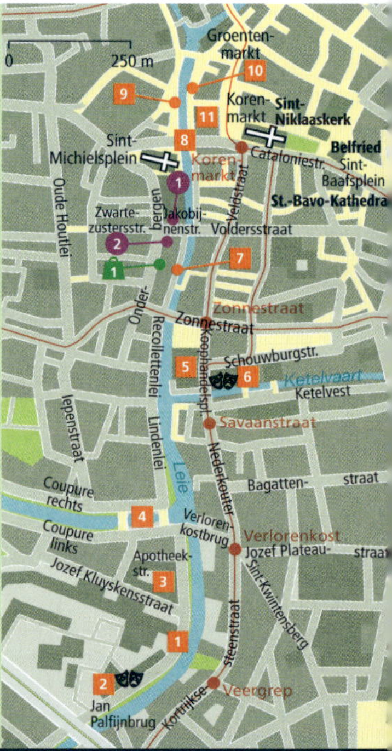

Faltplan Karte 3, B 2–4 | Tram 1, 2

Blicke nach oben und auf die andere Seite

Das palastartige neoklassizistische Gebäude auf dem Ufer gegenüber könnte so auch fast auf der Berliner Museumsinsel stehen. Es ist jedoch kein Museum, sondern der **Justizpalast** 5 (Koophandelsplein 23). Ein weiteres Prachtgebäude liegt direkt daneben: die **Oper Ghent** 6. Schauen Sie hoch! Sehen Sie die Statue des Mannes, der in die Leie zu springen scheint? Der Fluss ist es nicht, der ihn anzieht – es ist die Statue einer Frau auf der anderen Uferseite.

Sollten Sie an einem Sonntag hier sein, können Sie beim Boekenmarkt an der **Ajuinlei** 7 in alten Schinken schmökern. Der Boekcaravan sorgt dann für Kaffeespezialitäten. Bei Hunger lieber im **Balls&Glory** 1 vorbeischauen. 2012 kam dem beliebten Fernsehkoch Wim Ballieu die Idee, die traditionellen belgischen ballekes (Fleischbällchen) neu zu interpretieren. Zunächst nur als Pop-up eröffnete er das Restaurant in der Jakobijnenstraat, doch das Konzept ging auf und greift seitdem auf andere Städte über. Neben ballekes gibt es den für Belgien typischen Kartoffelstampf – stoemp. Äpfel und Wasser stehen von vornherein auf den Tischen.

OPER

Falls Sie Zeit haben, sollten Sie einen Abend in der **Oper** 6 einbauen – die majestätische Decke der größten flämischen Bühne ist atemberaubend.

Filmreifes Flussufer

Wer auf der Suche nach Pinsel und Zeichenblock ist, wird bei **Schleiper** 1 fündig. Die seit 1892 existierende Kunst- und Schreibwarenkette ist eine Institution und kann Sie für die malerischsten Motive von Gent ausrüsten. Beginnen Sie doch gleich an der **Michielsbrug** 8. Der Blick auf die »drei Türme von Gent« – die **Sint-Niklaaskerk,** den **Belfried** und die **St.-Bavo-Kathedrale** (► S. 54) ist eine beliebte Kulisse für Fotos und Filme – auch für die deutsch-belgische Interpretation der Dreigroschenoper, »Mackie Messer«.

Ein ebenso berühmtes Motiv sind die beiden Flussufer unterhalb der Brücke: die **Korenlei** 9 und die **Graslei** 10 mit ihren Fassaden aus Gotik, Renaissance und Barock. Drei nebeneinanderliegende Häuser – das **Zunfthaus der freien Schiffer,** das **Kornmesserhaus** und der **Kornspeicher** 11 – erinnern an die Handelsgeschichte der Stadt und die Tatsache, dass dies einst der Hafen Gents war. Heute kann man am Ufer eine Bootsfahrt machen oder einfach nur entspannen.

Er sucht sie – und wagt sich dafür von der Oper Ghent Hals über Kopf in die Tiefe. Auf der anderen Seite des Ufers wartet die Angebetete mit ausgestreckten Armen. Sehen Sie sie?

8

Ein Lamm, ein Drache, ein Teufel – **rund um den St. Baafsplein**

Was hält denn Eva da in ihrer Hand? Nein, es ist nicht der biblische Apfel, sondern eine Zitrusfrucht. Ragt Adams Fuß aus dem Bild heraus? Und wieso ist Jesus reich gekleidet als Weltenherrscher dargestellt? Die singenden und musizierenden Engel haben keine Flügel, und auch sonst sind die 22 Tafeln, die um die »Anbetung des Lamm Gottes« angelegt sind, anders als gewohnt.

Rubens »Eintritt von des Heiligen Bavo in das Kloster von Gent« darf in der St.-Bavo-Kathedrale natürlich nicht fehlen. Highlight ist allerdings der mythenumworbene Genter Altar.

Voller Details und Geschichten ist der **Genter Altar,** den die Brüder Hubert und Jan Van Eyck 1432 für die **St.-Bavo-Kathedrale** 1 gemacht haben. Verschwörungstheorien kreisen um das »Agneau Mystique«, das mystische Lamm, wie das Werk auf

Französisch heißt, und auch um den mysteriösen Kunstraub, dem zwei der Tafeln 1934 zum Opfer gefallen sind. Die Tafel mit Johannes dem Täufer wurde wieder zurückgegeben, die »Gerechten Richter« aber sind bis heute verschollen und wurden durch eine Kopie ersetzt. Kopien sieht man zeitweise auch anstelle der anderen Tafeln: Seit 2012 wurde das Genter Meisterstück etappenweise renoviert, um sich zum Van-Eyck-Jahr 2020 (► S. 64) in seiner ganze Schönheit zu zeigen. Schließlich ist es eines der begehrtesten Gemälde der Welt.

Die Sint Niklaaskerk wird jetzt auch für Buchmessen und Kunstgewerbeausstellungen genutzt. Einen schönen Blick erhascht man vom Belfried gegenüber.

Wo bleiben die Antwerpener Meister?

Vermissen Sie in St. Bavo einen Bezug zu Rubens? Den gibt es nicht nur in Antwerpen: Ein Altarbild links des auffälligen Chorraums zeigt den Eintritt des Heiligen Bavo in das Kloster von Gent. Auch auf Anthonis van Dyck müssen Sie in Gent nicht verzichten – sein »Sterbender Christus« ist in der **Michielskerk** 2 (Sint-Michielsplein 4) auf der anderen Seite der Michielsbrug zu sehen. Bleiben Sie aber auf dem Sint-Baafsplein und schauen Sie erst auf die **Tuchhalle mit dem Belfried** 3 und den Turm der **Niklaaskerk** 4 (Cataloniëstraat 4) dahinter. Mit der Kathedrale bilden der Belfried und die Niklaaskerk die drei Türme von Gent. Die Michielskerk zählt nicht zu dieser Einheit – ihr Turm wurde nie vollendet.

Auf den Dächern von Gent

Die **Klokke Roeland** oder Rolandsglocke des Belfrieds gab bekannt, wann die Stadttore geöffnet und geschlossen werden sollten, ob ein Brand ausgebrochen war oder eine Schlacht gewonnen wurde. Als Aufpasser fungierte auch der **Drache von Gent.** Noch immer sitzt er ganz oben auf der Spitze des Belfrieds und sieht auf die Genter hinab – Achtung, die Aussichtsplattform ist eng! Aber der Aufstieg lohnt sich auch, um mehr über die Glocken, den Drachen und die **Legende des Mammelokker** (»Brustsauger«, ► S. 66) zu erfahren. Letztere ist nicht ganz jugendfrei – alles andere ist prima für Kinder erklärt, und es gibt einen Aufzug, sodass der Aufstieg wirklich nicht anstrengend ist.

Von Sint-Baafs aus gesehen rechts steht die **Koninklijke Nederlandse Schouwburg** 5. Hier grüßen Apoll und seine Musen vom Dachgiebel aus. Das

K
KINO

Der Film »Monuments Men« erzählt (ein wenig in Indiana-Jones-Manier) von sieben amerikanischen Kunstschutzsoldaten, die zum Ende des Zweiten Weltkriegs den Genter Altar und auch die Brügger Madonna (► S. 84) aus dem Nazi-Versteck am Altaussee gerettet haben (u. a. spielen mit: Georges Clooney, Matt Damon und Cate Blanchett).

D DOPPELHAUS

Oben auf dem Dach gegenüber der **Niklaaskerk** 4 tanzen sechs schwarze Figuren: Sie symbolisieren die Steinmetze. Nur zufällig wurde das **Zunfthaus der Steinmetze** 9 (Sint-Niklaasstraat 2) in den 1970ern wiederentdeckt – seine Fassade war vollkommen verbaut. Eine exakte Kopie davon war für die Weltausstellung 1913 an der Graslei aufgebaut worden, und da sie dort auch jetzt noch steht, gibt es nun zwei identische Steinmetz-Häuser in Gent!

Gebäude aus dem 19. Jh. beherbergt das niederländischsprachige Theater **NT Gent** (www.ntgent.be). Die **Brasserie Foyer** im ersten Stock bietet mit ihrem großzügigen Balkon einen herrlichen Logenplatz auf den Sint-Baafsplein. Sonntags kann man hier brunchen, ansonsten typische belgische Gerichte wie Kaaskroketten oder Stoofvlees bestellen.

Wenn Geschichte auf neue Ideen trifft

Über moderne Architektur lässt sich prima streiten – so auch im Falle der neuen Genter **Stadthalle** 6 (am Poeljemarkt), die seit 2012 den Platz zwischen Belfried/Tuchhalle und der St.-Niklaskirche beherrscht. Fast hätte es Zoff mit der UNESCO gegeben: die Altstadt will Weltkulturerbe werden, der Belfried ist es schon – doch die neue Stadthalle beschränkt nicht nur die Sicht auf die Tuchhalle, sondern auch die auf die **»alte« Stadthalle** 7 (Botermarkt 1, www.stad.gent): das Rathaus mit seiner zwei Stile vereinenden Fassade, Gotik auf der einen, Renaissance auf der anderen Seite.

Konsequenzen hatte die Verstimmung der UNESCO für Gent jedoch nicht. Die Fläche unter dem auffälligen Holzüberbau bietet seitdem Platz für Events, im Winter verwandelt er sich in eine überdachte **Eisbahn,** und der kleine Park im Graben drum herum wird besonders von Familien geschätzt: Eltern können ihre Sprösslinge rumspringen lassen, während sie im **Grand Café** im unteren Geschoss der Konstruktion verweilen.

Mehr als nur das tägliche Brot: Das ehemalige Postgebäude birgt heute eine der schönsten Pain-Quotidien-Filialen des Landes.

Faltplan Karte 4 B/C 2 | Tram 1, 4 und **Bus** 3, 17, 18, 38, 39

INFOS/ÖFFNUNGSZEITEN

St.-Bavo-Kathedrale 1: St. Baafsplein, www.sintbaafskathedraal.be, Mo–Sa 8.30–17, So 13–17 Uhr (im Sommer jeweils bis 18 Uhr), Eintritt mit Audio Guide 4 €, ermäßigt 1,50 €, mit City Card frei
Belfried 3: St. Baafsplein, www. belfortgent.be, tgl. 10–18 Uhr, Eintritt 8/6/2,50 €, mit City Card frei

KULINARISCHES FÜR ZWISCHENDURCH

Durch die Bourdon-Arcade geht es hinein in den BE-O-Markt, dessen **BE-O-Bar** 1 leckere vegane Kuchen und Getränke hat (Emile Braunplein 18/Heilige-Geeststraat 30, http://beo-markt.be, Mi–Sa 10–17, So 10–16 Uhr). Eher Lust auf Fritten? **Frituur Tartaar** 2 ist modern und hat doch alle Klassiker, von Ballekes bis Stoofvlees (Heilige-Geeststraat 3, tgl. 11.30–22.30 Uhr).
Foyer im NT Gent 5: Sint-Baafsplein 17, www.foyerntgent.be, Mi–Fr 11.30–14.30, 17.30–23.45, Sa/So Brunch ab 10.30 Uhr
Auf dem **Korenmarkt** (► S. 66) sind im Alten Postgebäude neben einem feinen Hotel (und einem nicht wirklich ästhetischen Supermarkt von Albert Hein) ein netter **Concept Store von Sissy Boy** 1 und eine der schönsten Filialen von **Pain Quotidien** 3 (► S. 39) untergebracht (Korenmarkt 16, www.lepainquotidien.com/be).

UM DIE ECKE

Die Burg hinter dem St.-Baafsplein, **Geeraard de Duivelsteen** 8, gehörte einst Geeraard Vilain, der wegen seiner dunklen Haut – und vielleicht auch wegen seines Namens? – »Gerhard der Teufel« genannt wurde. Ob er richtig teuflisch war, ist nicht belegt, auch wenn ein Comic von Marc Sleen **De Hoed van Geeraard de Duivel** sich eine gruselige Geschichte um den Burgherrn und seinen Hut erdacht hat. Die Burg aus dem 13. Jh. kann nur von außen bestaunt werden, aber wer eine richtige Ritterburg will, hat ein paar Meter weiter ja den Gravensteen (► S. 59).

\# 9

Grafen und Galgen – **vom Gravensteen zum Vrijdagmarkt**

Trutzig erhebt sich der Gravensteen, die Burg der Grafen von Flandern, inmitten der engen Altstadtgassen. Die von einem Graben umgebene Festung ist eine der größten Wasserburgen Europas. Zum Regieren diente sie allerdings nur knapp 150 Jahre – die Grafen zogen lieber in den Prinzenhof, den Geburtsort Karls V.

Viel zu sehen ist nicht mehr vom Prinzenhof ten Walle. Nur das Dunkle Tor steht noch, durch das der spätere Kaiser Maximilian I. und seine Braut Maria von Burgund im August 1477 (▶ S. 84) zogen. Der Prinzenhof aber ist nur im Namen des Stadtviertels und in der Straße, die zum benachbarten **Rabot** (▶ S. 68) führt, erhalten geblieben.

Der Gravensteen, Burg der Grafen von Flandern, ist eine der größten Wasserburgen Europas – zum Regieren diente sie nur knapp 150 Jahre. Als Kulisse ist sie bis heute kaum zu übertreffen.

Den **Gravensteen** 1 ließ Philipp von Elsass zwischen 1180 und 1200 auf den Resten einer Holzburg bauen, doch schon 1353 wurde die Residenz an den Hof ten Walle verlegt. Ausstellungsräume im Gravensteen erzählen heute z. B. davon, dass die Burg 1780 verkauft und zu einer Textilfabrik umgewandelt wurde und als Gerichtshof und Gefängnis diente. Ende des 19. Jh. sollte der sperrige Bau sogar abgerissen werden, was die Stadt Gent jedoch verhinderte. 1887 kaufte sie den Gravensteen zurück, doch erst ab 1980 und anlässlich der 800-Jahr-Feier der Stadt wurde er vollständig restauriert. In der Burg ist auch das **Waffen- und Justizmuseum** untergebracht: Im Großen Saal trafen sich 1445 die Ritter vom Goldenen Vlies.

Dem Veerleplatzes vor dem Gravensteen sieht man seine ursprüngliche Bedeutung nicht mehr an: Es war der Hinrichtungsort der Stadt. Hier wurden 1540 die Anführer des Aufstands gegen Kaiser Karl V enthauptet.

Von der Burg zur Fischhalle

Im Rokoko-Stil glänzt der Eingang der Fischhalle **Oude Vismijn** 2. Neptun thront auf dem prunkvoll verzierten Tor, die Statuen links und rechts darunter stellen Leie und Lieve dar, die an dieser Stelle zusammenfließen. Heute ist die alte Fischhalle mit ihrem modernen Anbau eine Festhalle und der Sitz der **Touristinfo VisitGent** (▶ S. 60). Früher stand hier der älteste Markt der Stadt, der jedoch auf den **Groentenmarkt** 3 verlegt wurde (▶ S. 66).

Genter Nasen und starkes Geschoss

Auf machtpolitischen Spuren geht es weiter Richtung Vrijdagmarkt, nicht aber ohne eine Stärkung auf dem Groentenmarkt: Hier werden die Gentse Neuzen verkauft, bei **Himschoot** ❶ wurde schon im Spätmittelalter gebacken, und regionale Produkte werden im **Vleeshuis** 4 (Fleischhalle aus dem 15. Jh.) zur Schau gestellt. Die rote **Kanone Dulle Griet** 5 wurde von den Gentern 1452 bei der Belagerung von Oudenaarde eingesetzt. Heute gibt es sie als Bier (ursprünglich 8,5%, mittlerweile 6,5%) u. a. in der gleichnamigen Kneipe am Vrijdagmarkt.

Dem Grafen zum Trotz

Wie auf dem Veerlemarkt fanden auch auf dem **Vrijdagmarkt** 6 (▶ S. 67) Hinrichtungen statt,

Ü ÜBRIGENS

Da der Gravensteen teilweise auch zum Münzprägen benutzt wurde, wurde auf dem **Veerleplatzes** auch Münzfälschern der Prozess gemacht: Sie wurden in einen riesigen Kessel mit kochendem Wasser oder heißem Öl geworfen. Wo früher der backsteinerne Ofen mit dem Kessel stand, streckt heute ein stolzer Löwe eine Fahne gen Himmel. Das Standbild ist ein Relikt der Weltausstellung 1913 und wurde zu Ehren der Organisatoren errichtet.

Früher wurde vor dem Vleeshuis vorgeführt, wer sich eine Schandtat zu Schulden hat kommen lassen – nicht umsonst heißt das an die Fleischhalle angebaute kleinste Café der Stadt: 't Galgenhuisje ❷. *Zu sehen sind noch die Überreste der Schandbank, an der Galgen-Kandidaten »an den Pranger« gestellt wurden.*

G GRAFFITI

Eine Revolte künstlerischer Art ist das **Graffitigässchen** 8, eine modern aufgepäppelte mittelalterliche Gasse, die eigentlich Werregaarenstraatje heißt. Am Ende der beliebten Foto-Straße wartet mit dem **Hof von Rijhove** 9, einem alten Patrizierhaus mit Garten, eine kleine Oase der Ruhe. Auf dass es so bleibe!

und zwar noch bis 1863. Einziges Zeugnis dieser Zeit ist das **Toreken** 7, das Haus mit dem Turm, in dem heute ein Poesiezentrum untergebracht ist. 1863 änderte sich noch etwas: Das Standbild Kaiser Karls V wurde durch die **Statue von Jakob van Artevelde** ersetzt. Am 26. Januar 1340 hatte er König Edward III. von England als König von Frankreich anerkannt und sich damit der Autorität des Grafen von Flandern, seines Dienstherrn, widersetzt. 1345 wurde er während eines Volksaufstands ermordet, doch sein Verdienst bleibt unvergessen: er war es, dem es während des Hundertjährigen Krieges gelang, den Boykott englischer Wolleinfuhren zu beenden und damit die Genter Tuchindustrie zu retten.

Um das Wohl der Arbeiter geht es heute noch dem **Bond Moyson** (Vrijdagmarkt 10), einer sozialistischen Krankenkasse, deren auffälliges Gebäude Ons Huis an die Grands Magasins von Paris erinnern soll.

INFOS/ÖFFNUNGSZEITEN

Gravensteen 1: https://gravensteen.stad.gent, April–Ende Okt. tgl. 9–18, Nov.–Ende März tgl. 9–17 Uhr, Eintritt 10 €, 19–25 J. 6 €, Gruppen, Lehrer und Senioren 7,50 €. Das Ticket bietet auch Eintritt in die St-Pieters-Abtei, inkl. movieguide Alison.

Touristinfo VisitGent 2: Sint-Veerleplein 5, T 092 665 660, https://visit.gent.be, tgl. 10–18 Uhr

KULINARISCHES FÜR ZWISCHENDRIN

Himschoot 1: Ist nicht nur die älteste Bäckerei von Gent, sie verkauft auch den besten Brotpudding weit und breit (Groentenmarkt 1, info@bhim.be, tgl. 8–18.30 Uhr).

Vleeshuis 4: Groentenmarkt 7, Di–So 10–18 Uhr

't Galgenhuisje 2: Groentenmarkt 5, http://www.galgenhuis.be, tgl. 10–1 Uhr

Und noch etwas gibt auf dem Groentenmarkt: die zweite Filiale **Frites Atelier** 3 (► S. 21). Der Groentenmarkt könnte kein passenderer Ort für die edle Frittenbude sein, stufen doch viele Belgier die Kartoffel – und somit die Fritten – als Gemüse ein!

Souplounge 4: Eine schnelle Suppe kriegt man in der Souplounge, Zuivelbrugstraat 4, http://www.souplounge.be, Di–So 10–19 Uhr

Dulle Griet 1: In die Bar sollte man wenigstens auf ein Bier (Vrijdagmarkt 50, Mo 16.30–1, Di–Sa 12–1, So 12–19 Uhr).

Faltplan Karte 4, B–C 1 | Tram 1, 4

Für Bücherwürmer und Coffee Lovers – **das Univiertel**

10

Im Süden geht es studentisch zu: Seit 200 Jahren gibt es eine Universität in Gent, 44 000 Studenten sind eingeschrieben und viele verziehen sich mit ihren Büchern und Laptops in das Viertel um die St. Pietersnieuwestraat.

Als Bindeglied zwischen der Altstadt und dem Univiertel, als Treffpunkt und architektonischer Hingucker fungiert **De Krook** 1. Die neue Stadtbibliothek, die im März 2017 ihre Türen öffnete, wurde gleich von den Gentern ins Herz geschlossen. Über den breiten Treppengang kommt man zu mehreren Ebenen, in denen man multimedial stöbern kann. Im **Krookcafé** finden manchmal

Multimedial und auf allen Stockwerken spannend: die neue Stadtbibliothek De Krook

auch Konzerte statt. Außerdem sind in dem schiffsartigen Komplex auch noch das flämische Zentrum für Nano- und Mikroelektronik und ein Teil der Uni Gent untergebracht.

Vorhang auf!

Weniger auffällig ist das in der Fußgängerzone liegende **Theater De Minard** 2, das jedoch bei seinem Bau 1847 Aufsehen erregt hat. Sein namensgebender Architekt Louis Minard baute es als erste niederländischsprachige Bühne in Flandern und damit als Gegenpol zu den damals französischsprachigen Bühnen des Stadttheaters und der Oper. Der Platz vor dem Theater ist Romain Deconinck geweiht, er wirkte 50 Jahre lang am Minard, stand auf der Bühne und schrieb 140 Stücke, zumeist Komödien. Heute zeigt das Minard auch nachdenklichere, experimentellere Werke.

Ü ÜBRIGENS

Ein monumentaler Bücherbau anderer Art ist das als »Rozier« bekannte **Institut für Wissenschaften** 6 in der Jozef-Plateau-Straat – es nimmt so viel Raum ein, dass es noch einen zweiten Eingang in der Rozier 44 hat. Als 1881 Platz für den neoklassizistischen Bau geschaffen werden sollte, mussten dreihundert Familien ihre Häuser verlassen!

Platz für Alternatives

Eine weitere wichtige Bühne ist das **Kulturzentrum Vooruit** 3, das früher das Volksheim einer sozialistischen Genossenschaft war. Das bemerkenswerte, alternativ (und ein wenig heruntergekommen) wirkende Art-déco-Gebäude bietet Raum für Ausstellungen, Tanztheater und Konzerte. Selbst Simply Red traten hier schon auf! Im Café – dem größten von Gent – können Sie gelegentlich Writers in Residence treffen, die hier an ihren Werken schreiben. Auch Führungen werden angeboten, bei denen man allerlei über den Aufbau und die Geschichte dieser im Kulturleben der Genter verankerten Institution erfahren kann. Heute scheint es vollkommen undenkbar, dass in den 1980er-Jahren überlegt wurde, das Gebäude abzureißen und durch ein Hotel und einen Parkplatz zu ersetzen.

Am besten kann man den gläsernen Anbau des Vooruit vom Ufer aus beobachten. Hier legt auch Le Bateau an, ein beliebtes Partyboot, das jedoch nur für private Events betreten werden kann. Immer offen für Feierwütige hingegen ist das besonders bei Studenten beliebte **Café Omgekeerde Wereld** 1, das eine unglaubliche Bier- und Getränkekarte hat. Tagsüber kann man sich auch ruhig in ein Buch vertiefen oder im Internet surfen.

Ein Hochhaus voller Bücher

Apropos Bücher: Vielleicht haben Sie ihn schon entdeckt, den Art-déco-Turm, der das Univiertel überragt? Über 2000 Bücher sind normalerweise in dem 64 m hohen und 24 Stockwerke zählenden Gebäude untergebracht – wenn er nicht gerade renoviert wird (2021 sollen die Arbeiten beendet sein). Erbaut wurde der **Boekentoren (Bücherturm)** 4 von Stararchitekt Henri van de Velde, der in Deutschland als Leiter der Kunstgewerbeschule Weimar – dem Vorgänger des Bauhauses – berühmt wurde.

Die Abtei Sint Pieters ist eine Oase der Ruhe inmitten des Genter Studentenviertels.

UM DIE ECKE

Wenn Sie auf der Sint-Pietersnieuwstraat weitergehen, kommen Sie direkt zu der Abtei, nach der sowohl die Straße als auch der Bahnhof benannt sind: **Sint Pieters** 5, einst die größte Abtei der Niederlande. Ein geeigneter Ort zum Meditieren und Kräftetanken (▶ S. 69).

INFOS/ÖFFNUNGSZEITEN

De Krook 1: Miriam Makebaplein 1, https://dekrook.be, Mo–Mi, Fr, Sa 10–19, Do 10–21 Uhr, So geschl. Der Platz erinnert an die Sängerin und Menschenrechtlerin »Mama Afrika«.
Theater De Minard 2: Romain Deconinckplein, http://minard.be
Kulturzentrum Vooruit 3: Sint-Pietersnieuwstraat 23, T 092 672 828, www.vooruit.be; **Café:** Mo–Mi 10–1, Do–Sa 10–2, So 12–1 Uhr
Boekentoren 4: Rozier 9, http://www.boekentoren.be

KULINARISCHES FÜR ZWISCHENDURCH

Omgekeerde Wereld ❶: Sint-Pietersnieuwstraat 116, http://de-omgekeerde-wereld.be/, Mo–Fr 11.45–2, Sa 19–2, So 19–1 Uhr
Soep+ ❷: Leckere Suppen, Salate und Quiches direkt an De Krook (Lammerstraat 33, Mo–Fr 10–16, Sa 11–17 Uhr).

Gents Museumslandschaft

Gent ist nicht nur eine umweltbewusste, sondern auch eine kinderfreundliche Stadt. 2019 unterzeichneten die städtischen Museen das Familienmanifest, in dem sie sich verpflichteten, genügend Raum für Eltern und Kinder zu schaffen. Spätestens seitdem gibt es hier eigentlich kein Museum mehr, das »langweilig« ist. Auch die Museen, die auf die industrielle Bedeutung der Stadt eingehen.

Kennen Sie die **»Mule Jenny«**? England hütete Ende des 18. und Anfang des 19. Jh. seine Industrieerfindungen wie seinen Augapfel und drohte mit Todesstrafe bei Industriespionage, aber einem Genter war es dennoch gelungen, eben jene »Jenny« – die erste mechanische Webmaschine (der Name kommt von »engine«) – auf dem Kontinent nachzubauen. Gent konnte so an seine Bedeutung als Tuchmacherstadt anknüpfen und wurde zu einem der wichtigsten Zentren der Industrialisierung. Wie genau dies alles kam, kann unter anderem im **Industriemuseum** (► S. 65) nachverfolgt werden. Kunsthistorisch geht eigentlich nichts über den **Genter Altar** (► S. 54). Gerade zum Van-Eyck-Jahr 2020 gibt es vielerorts Bezüge zu dem Meister aus Brügge, der für die St.-Bavo-Kathedrale eines der wichtigsten Meisterwerke der Kirchenkunst geschaffen hat. Ein Höhepunkt: Der neu renovierte Altar wird in seinem vollen Glanz gezeigt.

TIPPS FÜR DEN MUSEUMSBESUCH

Mit der **City Card** können Sie alle öffentlichen Museen der Stadt kostenlos besuchen – nur nicht mittwochs, da haben Museen zu. Mit dabei: Abtei St. Pieters, Design Museum Gent, Huis van Alijn, Hotel Clemmen, Industriemuseum, Kunsthalle, Museum für schöne Künste, Museum Dr. Guislain, Museum der Naturwissenschaften, SMAK, STAM, De Wereld van Kina.

Nicht nur im Museum findet sich Kunst – auch die Straßenkunst wird immer salonfähiger. Neben der **Graffitigasse** (► S. 60) führt der Stadtplan **»Sorry. Not Sorry«** zu anderen sehenswerten Wänden (erhältlich bei VisitGent, ► S. 60).

Im Kindermuseum »Wereld van Kina«, direkt an der Abtei St. Pieters, können Kinder die Welt entdecken.

EINTRITTSKARTEN *in eine andere Welt …*

Auch außerhalb des Museumsviertels *(▶ S. 48)* *gibt es interessante Museen. Hier meine persönlichen Favoriten:*

UND JETZT ENTSCHEIDEN SIE!

Design Museum
Mo, Di, Do, Fr 9–17.30, Sa/So 10–18 Uhr, Erwachsene/ab 65 J./19–26 J. 8/6/2 €, unter 19 J. kostenlos

Die größte Art-Nouveau-Sammlung Belgiens und andere Gebrauchsgegenstände, ausgestellt im Stadtpalast eines Leinenhändlers. Hingucker – und Motto – ist eine Klopapierrolle!
🕮 Karte 4, B 2, www.designmuseumgent.be

○ JA ○ NEIN

Huis Van Alijn
Mo, Di, Do, Fr 9–17, Sa/So 10–18 Uhr, Erwachsene/ab 65 J./19–26 J. 6/4,50/2 €, unter 19 J. kostenlos

Im malerischen alten Godshuis machen Sie eine Zeitreise durch das Alltagsleben der vergangenen Jahrzehnte, inklusive Sixties-Design, Krämerladen und einer äußert gemütlichen Gartenterrasse.
🕮 Karte 4, C 1, http://huisvanalijn.be

○ JA ○ NEIN

Industriemuseum MIAT
Mo, Di, Do, Fr 9–17, Sa/So 10–18 Uhr, Erwachsene/ab 65 J./19–26 J. 6/4,50/2 €, unter 19 J. kostenlos

Das MIAT ist in einer ehemaligen Tuchfabrik untergebracht – Spindeln und Webstühle und die Geschichten dahinter stehen im Mittelpunkt. Vom 5. Stock hat man einen tollen Blick auf die Skyline von Gent.
🕮 Karte 4, C 1, www.industriemuseum.be

○ JA ○ NEIN

Kunsthal
Sa/So 11–18 Uhr

Jüngstes Museum in der Runde. 2019 wurde das alte Karmelitenkloster offiziell zur Kunsthalle Gent, einem auch architektonisch beeindruckenden Raum, der besonders junge lokale Künstler fördert.
🕮 Karte 3, C 4, https://kunsthal.gent

○ JA ○ NEIN

Genter Märkte

Vielleicht ist Ihnen etwas aufgefallen: Korenmarkt, Groentenmarkt, Vrijdagsmarkt, … Märkte gibt es fast an jeder Ecke, vom reinen (Bio-)Gemüsemarkt bis hin zum Blumen- oder Büchermarkt sind sämtliche Märkte vertreten. Öffentliche Plätze werden so zu Orten, an denen man sich gerne trifft.

Pick&Post

Korenmarkt Karte 4, B 2

Zusammen mit dem Kornmesserhaus und dem Kornspeicher an der Korenlei war der Korenmarkt früher der zentrale Ort des – wie sollte es anders sein – Kornhandels. Später kamen hier die Postkutschen an, sodass 1909 das beeindruckende neugotische Postgebäude entstand, das sich perfekt in die Architektur der alten Zunft- und Gildehäuser integriert. Das heutige »Post Plaza« mit Pain Quotidien, Supermarkt, Hotel und Concept Store wirkt wie eine Markthalle für sich, während sich draußen Restaurants und Cafés aneinanderreihen.

Korenmarkt 18, Tram 1 und 4 bis Kornmarkt

Milch und Butter

Botermarkt Karte 4, C 2

Wo einst Butter verkauft wurde, steht heute – an die Tuchhalle angebaut – das Haus des Gefängniswärters. Ein Marmorrelief erinnert an eine römische Sage, die ebenfalls mit einer Haft zusammenhing: Pero gibt ihrem im Kerker hungernden Vater die Brust, um ihn vor dem Tod zu retten. Das Motiv wurde im 17. und 18. Jh. von vielen Künstlern aufgenommen – auch Rubens widmete dem »Brustnuckler« (wie die Übersetzung von Mammelokker lautet) mehrere seiner Werke.

An der Tuchhalle, Tram 1 und 4 bis Kornmarkt

Senf für Genter Nasen

Groentenmarkt Karte 4, B 2

Auf dem Groentenmarkt wird nur noch freitags Gemüse verkauft – dafür aber das ganze Jahr über eine ganz besondere Genter Spezialität: Gentse Neuzen. Die süßen »Nasen« heißen andernorts Cuberdon oder Chapeau du Curé (Pfaffenhut), erfunden aber wurden die kegelförmigen, bunten Zuckerhütchen mit ihrer gallertartigen Füllung 1873 vom Genter Apotheker De Vynck. Welcher der beiden schnuckeligen Stände auf dem Groentenmarkt die besten Cuberdons verkauft, wird von dem jeweiligen Verkäufer natürlich ganz klar beantwortet, oder? Wenn Sie schon mal da sind, schauen Sie auch beim Senfladen Tierenteyn (seit 1790) und beim Bäckerei Himschoot (schon im Mittelalter wurde hier gebacken) vorbei. Im Vleeshuis gegenüber erinnern die von den Decken hängenden Schinken an die Tradition der aus dem 15. Jh. stammenden Fleischhalle, die seit 1887 kein Schlachthaus mehr ist, dafür zunächst als Obst- und Gemüsemarkt, ab den 1960ern als Fischhalle und teilweise sogar als Parkplatz genutzt wurde.

V
VOLKSFEST

Beim Café Trefpunt (bei der St.-Jacobskerk, s. rechts) hat man 1969 die alte Tradition der **Gentse Feesten** wiederaufleben lassen. Seitdem verwandelt sich ab Mitte Juli die Stadt für zehn Tage in ein riesiges Musik- und Volksfest (https://gentsefeesten.stad.gent/).

Treffpunkt für Junge und Junggebliebene: auf dem St.-Jacobs-Trödelmarkt gibt es herrlichen Nippes.

Himschoot: Groentenmarkt 1, info@bhim.be, tgl. 8–18.30 Uhr; **Tierenteyn:** Groentenmarkt 1, www.tierenteyn-verlent.be, Mo 10–18, Di–Do 9–18, Sa 9.30–18 Uhr; **Vleeshuis:** Groentenmarkt 7, Di–So 10–18 Uhr, Tram 1 oder 4 bis Gravensteen

Bei der irren Grete

Vrijdagmarkt 🕮 Karte 3, C 5

Der Vrijdagmarkt ist einer der ältesten und geschichtsträchtigsten Orte der Stadt. Schon seit 1199 wird hier jeden Freitag und nun auch samstags Markt gehalten. Stand an Stand stehen Obst- und Gemüse-, Haushaltswaren- und Kleidungsverkäufer nebeneinander. Um den Marktplatz gibt es auch jede Menge Restaurants und besonders in den Seitenstraßen nette Läden. Eine Institution ist die Bar Dulle Griet (► S. 60), benannt nach der Genter Volksfigur, der auch eine Kanone ihren Namen zu verdanken hat (► S. 59). Die Bar am Vrijdagsmarkt ist berühmt für ihre riesige Bierauswahl und die Tradition, als Pfand für ein Bier der Marke »Max« einen Schuh lassen zu müssen.

Vrijdagmarkt, Fr/Sa 7.30–13, Sommer 7–13 Uhr

Krimskrams, Kitsch und Kult

St.-Jacobs-Trödelmarkt

🕮 Karte 4, C 1

Freitags, samstags und sonntags verwandelt sich der Platz um die St. Jacobskerk in einen Flohmarkt. Zwischen Comics, Platten, Antiquitäten und alten Kleidern findet man immer etwas. Und da der Markt so beliebt ist, haben sich mittlerweile neben dem renommierten Antiquitätenhändler St-John auch noch andere Kuriositätenläden um den Platz herum angesiedelt.

Fr/Sa 9–13, So 9–14 Uhr, Bus 5 St. Jacobs

Bücherwürmer an der Leie

Büchermarkt 🕮 Karte 4, B 2

An der eigentlich nach Zwiebeln (»ajuin«) benannten Ajuinlei werden jeden Sonntag Bücher verkauft und so fast ein Flair wie an den Quais der Seine erzeugt.

Und täglich grüßt das Blumenmeer

Kouter 🕮 Karte 3, C 3

Von Januar bis Dezember werden Blumen auf dem Kouter verkauft. Schon seit 1772 findet der Blumenmarkt statt. Im historischen Musikkiosk von 1878 spielt sonntags gelegentlich auch eine Band. Bei Feinkost Cru kann man auf einer der schönsten Terrassen sitzen und in der Buchhandung Paard van Troje bei Lektüre und Kaffee dem Markttreiben zuschauen. Es gibt auch ein Gedicht über den Kouter, das allerdings traurigen Inhalts ist: »Een kus op de Kouter« erinnert an seine Funktion im Zweiten Weltkrieg, von hier aus wurden Genter Juden deportiert.

Tram 1 oder 4 bis Korte Meer, Tram 2 Zonnestraat; **Paard van Troje:** www.paardvantroje.be, Kouter 113, Mo 13–18, Di–Sa 10–18, So 10–13 Uhr; **Cru:** Kouter 177, https://cru.be, Mo–Fr 10–18.30 Uhr

Pause. Einfach mal abschalten

Neben dem Citadelpark und Bijlokeviertel (► S. 49 und S. 51) gibt es einige andere Orte, an denen das manchmal recht quirlige Gent zur Ruhe kommt. Die meisten dieser Orte sind mit Wasser verbunden – kein Wunder in Gent, der Stadt, in der alles zusammenfließt.

Romantischer Fleck

Appelbrugparkje 🕮 Karte 4, B 2

Direkt gegenüber dem Designmuseum, mit Blick auf die Oud Vismijn und das Vleeshuis, entspannt es sich mitten in der Altstadt am romantischsten. Hier kommt man her, um ein Buch zu lesen, die Boote vorbeifahren zu sehen oder einfach gemütlich zusammen zu sein. Auch bei Pärchen sehr beliebt – obwohl man in dem kleinen Apfelbrückenpark eigentlich selten alleine ist.

Jan Breydelstraat 9

Einmal Kapitän sein

Bootfahren auf der Leie

🕮 Karte 4, B 2

In Gent können Sie nicht nur mit der Watertram die normale Linienstrecke abfahren oder sich auf geführten Touren ab der Graslei die Stadt erklären lassen, sondern auch selbst Boote mieten und fahren. Im Angebot ist alles, von ruhig bis schnell zu partylastig. Die Preise variieren entsprechend – einen guten Überblick verschafft die Website von VisitGent (https://visit.gent.be/de/tag/bootsfahrten). Die meisten Boote fahren von der Graslei, dem alten Hafen von Gent, ab.

Gent Watertourist oder Rederei De Gentenaar, jeweils Grundpreis 7,50 €, unter 12 J. 4,50 € (mit City Card kostenlos), bei Gent Watertourist 2-stündige geführte Tour mit Cava 20 €, Bootsfahrt und Brauereibesuch 18 €; www.gent-watertoerist.be bzw. www.rederijdegentenaer.be; für diejenigen, die lieber selber fahren wollen: www.bootverhuurgent.be

R
RABOT

Für welche Variante der Bootsfahrt Sie sich auch entscheiden: Stellen Sie sicher, das **Rabot** (🕮 Karte 3, A 1) nicht zu verpassen. Die alte Schleuse stammt noch aus der Zeit, als die Genter sich gegen den ungeliebten Maximilian von Österreich auflehnten (► S. 82). Das 1488 errichtete Rabot erinnert ein wenig an das Holstentor und im Vorbeifahren werden Sie Reste von Gents Industrialisierung, aber vermutlich auch einige Bausünden aus den 1970ern »bewundern« können.

Opgeëistenlaan 2, am besten vom Wasser aus besichtigen!

Hafen der Ruhe

Portus Ganda 🕮 Karte 3, D 2

Am und um den Genter Yachthafen herum gibt es gleich mehrere Möglichkeiten, abzuschalten: entweder auf einer Parkbank sitzend (wahlweise mit etwas mehr Grün im angrenzenden Baudelopark) oder meditierend im Kloster St. Bavo, in das der Stadtpatron und Sohn von Pippin dem Älteren, Bavo, nach dem Tod seiner Frau eingetreten ist.
Sie können auch im ältesten Hallenbad Belgiens, dem Art-déco-Schwimmbad Van Eyck, das 1886 erbaut und 2001 gründlich renoviert wurde, Ihre Bahnen ziehen. Zum Abhängen unter der Woche und besonders bei schönem Wetter eignet sich auch das Restaurant Noah, eine wahre Arche der Entspannung und des gesunden Essens. In der dazugehörigen Helena's Captain's Cabin können Sie übernachten.

Romantische Kanalfahrten und trinklustige Junggesellenabschiede – für jeden Anlass gibt es in Gent das passende Boot.

Zwembad Van Eyck: Veermanplein 1, https://stad.gent/sport2/waar-kan-ik-sporten/zwembad-van-eyck, Eintritt 6 €, bis 25 J u. ab 65 J 3.30 €, So geschl. (unter der Woche am besten abends hin, bis 22 Uhr geöffnet)

Abtei St. Bavo: Voorhoutkaai 43, www.sintbaafsabdij.stad.gent, April–Okt. Fr–So 14–18 Uhr, geführte Touren können über T 09 210 10 75 gebucht werden

Noah: Handelsdokkaai 3, T 092 236 689, www.noah.gent

Der südlichste Süden von Gent

St. Pietersabdij 🕮 Karte 3, C 4

Der betonlastige Eindruck des riesigen Platzes vor der St. Pietersabdij täuscht – wenn Sie durch das Tor im Innenhof gehen, vorbei am Kindermuseum »Wereld van Kina«, erwartet Sie ein provenzalisch anmutender Garten mit Apfelbäumchen, Weinreben und Lavendel. Bei schönem Wetter ziehen sich hierhin die Studenten des benachbarten Univiertels zurück, bei schlechtem Wetter bietet sich immer noch eine Führung durch die riesige Kirche und die Abtei an. Virtuell spürt Mönch Alison dann einen spannenden Fall auf – der Name der Rose ist es nicht!

Sint-Pietersplein 9, https://sintpietersabdij.stad.gent, Di–So 10–18 Uhr, Audioguide 4 €

UNESCO-Weltkulturerbe

Alter Beginenhof St. Elisabeth

🕮 Karte 3, A 1

Im Dreieck zwischen Gravensteen und Rabot wurde den Beginen im 13. Jh. eine eigene kleine Stadt errichtet. Hier im Begijnenhofdries oder der »heiligen Ecke« wohnten die frommen ledigen Frauen bis zur Industrialisierung, als 1873/1874 im Eiltempo ein neues Viertel in St. Amandsberg gebaut wurde. Neben dem Alten und dem Großen Beginenhof gibt es auch den Kleinen mit roten Häuschen und einer Barockkirche im Süden der Stadt. Aber schauen Sie hier im Alten Beginenhof erst einmal auf den Rasen. Sehen Sie die Marmorstatue? Sie trägt den Titel »Bruges-la-Morte« und wurde 1903 von George Minne in Erinnerung an den Schriftsteller Georges Rodenbach angefertigt. War es doch Rodenbach, der »das tote Brügge« im 19 Jh. mit seiner gleichnamigen Erzählung wachgeküsst hat (Beginenhof in Brügge ► S. 80).

Alter Beginenhof St. Elisabeth: Begijnhofdries

Großer Beginenhof St. Elisabeth: Groot Begijnhof 67, Mo, Mi, Sa 9–12 Uhr

Kleiner Beginenhof: Lange Violettestraat 77–273

Energie tanken

Auch im Tourismus ist Gent ein Vorbild für Nachhaltigkeit. Ein bewusster Umgang mit Wasser und Energie gehört dazu.
Viele Hotels sind dafür mit dem Green Key, dem internationalen Ökosiegel für Tourismusunternehmen, ausgezeichnet worden. Das Label gilt jeweils für ein Jahr. Wer aktuell mit dem Grünen Schlüssel ausgezeichnet ist, erfahren Sie über in der Touristinfo oder auf deren Seite www.visit.gent.

Kupfer, Silber, Gold
Oh my suite! Karte 4, B 1
Zimmer mit Garten, ein großer Korbsessel und ein mit Holzscheiten dekorierter Kamin: Das Haus mit den geräumigen Studios ist der Inbegriff des »comfort housing«. Jedes Studio ist einem anderen Edelmetall gewidmet.
Tinnenpotstraat 36, T +32 465 495 334, http://www.ohmysuite.be, ab 100 €

Wirklich wie zuhause
Heirloom
Eine Art schickeres Airbnb. Im »House of Trade«, »House of Edward« (beide Karte 4, C 1) oder im »Flemish Tale« (Karte 4, B 2) wohnt man in historischen Herrenhäusern, die heimelig wie echte Familienhäuser wirken und oft eine Terrasse mit tollem Blick haben.
https://heirloom.be, Self-check-in, ab 72 €

Kaffee vom Künstler
Simon says Karte 4, C 1
Das bunte Art-Nouveau-Haus vereint Café und B&B in einem Konzept. Oben gibt es zwei schön designte Doppelzimmer, unten kann man in einem der beliebtesten Genter Cafés frühstücken. Die goldenen Zeichnungen im Café stammen von dem Künstler Panamarenko, der Kaffee aus der Rösterei seiner Frau.
Sluizeken 8, T 092 330 343, simon-says.be, DZ ab 130 €

Hausboot
Hotel The Boatel Karte 3, D 2
Übernachten auf einem Boot mitten im Zentrum von Gent, am Yachthafen Portus Ganda und ganz nah an der Abtei, in die einst St. Bavo eingetreten ist. Direkt gegenüber können Sie im Schwimmbad Van Eyck eintauchen. Perfekte Kombi zum Relaxen!
Voorhoutkaai 44, T 092 671 030, www.theboatel.com, DZ 125 €

Ein Hauch von New York Brickstone
Hamptons Boutique B&B
Karte 3, B 5
Cocktailbar und schickes B&B – eine gute Anlaufstelle zum Einquartieren, bevor Sie Ihre Erkundungstouren starten. Das im New Yorker Dandy-Stil eingerichtete Haus bietet vegane und vegetarische Frühstücksoptionen. Jedes der fünf Zimmer hat eine Nespresso-Maschine und ist mit viel Liebe zum Detail eingerichtet.
Kortrijksesteenweg 172, T +32 471 340 885, www.thehamptons.be, DZ 160 €

Postamt de luxe
1898 The Post Karte 4, B 2
Von dem ehemaligen neoklassizistischen Postamt zwischen Korenmarkt und Graslei sind nur die Namen der Zimmer geblieben: The Stamp, The Envelope und The Letter heißen drei der insgesamt 38 Zimmer, die mit ihrem »Dandy chic«-Charme an die Zeiten der Industrialisierung und Gents Wohlstand erinnern. Besonders luxuriös ist die Suite im Turm.
Graslei 16, www.zannierhotel.com/1898thepost, DZ ab 143 €

Gegen den Hunger

Gent ist eine umweltbewusste Stadt, wie schon die Fahrräder am Bahnhof beweisen.
Mit zahlreichen Maßnahmen wird seit Jahren versucht, den ökologischen Fußabdruck zu begrenzen, im Verkehr, im Hotelwesen (s. links) und auch in der Gastronomie. 2009 startete die Veggie-Thursday-Initiative, der sich mittlerweile auch Städte außerhalb Belgiens angeschlossen haben.

Sponsored by AEG

Wasbar Karte 4, B 2
In dieser an die 1950er-Jahre erinnernden Bar, die es auch mit drei Filialen in Antwerpen gibt, werden hauptsächlich Bagels und Boterhamen (Butterbrötchen), zum Frühstück auch leckere Pancakes, hausgemachtes Granola und Waffeln angeboten. Die Filiale am Korenmarkt liegt auf dem Weg zum Gravensteen – keine hohe Küche, aber praktisch für zwischendurch.
Korenmarkt 37, T 093 116 908, www.wasbar.be, tgl. 9–21 Uhr

Himmlische Pizza

Otomat Karte 4, B 1/2
»Heavenly Pizza« verspricht das Konzept, das mittlerweile auch in Antwerpen, Brügge und Brüssel angekommen ist: Pizza zum Teilen in gemütlicher Industrial-Chic-Atmosphäre. In den für alle Filialen obligatorischen himmelblauen Kühlschränken wird belgisches Bier gelagert. Bier ist zudem im Teig und sorgt für die knackige Kruste, die alle Pizzavarianten auszeichnet, egal ob Otomat (mit Tomatensauce) oder Notomat (ohne Tomatensauce). Natürlich gibt es auch »Mega Vega« – und jede Pizza kommt mit Bierempfehlung.
Kleine Vismarkt 3, https://otomat.be, So–Do 12–22, Fr–Sa 12–23 Uhr

Sizilianische junge Küche

Osteria Al Sikulo Karte 4, C 1
Nicht an dem kleinen Ladenlokal direkt hinter dem Vrijdagsmarkt vorbeigehen! Die Osteria Al sikulo mag nicht allzu groß erscheinen, ist aber ein gemütlicher und über die bekannten Gerichte hinausgehender »klassischer Italiener« mit schönem Kellergewölbe. Hier wird sizilianische Küche in familiärer und junger Atmosphäre präsentiert. Chef Salvo verwandelt die Speisen wenn nötig auch in vegetarische Varianten, und Annalisa ist einfach die herzlichste Gastgeberin, die man sich vorstellen kann.
Waaistraat 14, T 092 242 055, www.osteriaalsikulo.com

Im maurischen Patio

Uit Steppe & Oase Karte 4, B 2
Im Sommer, wenn man auf der Terrasse Platz nehmen kann, fühlt man sich an einen vollkommen anderen Ort versetzt: Die Küche ist mediterran mit Mezze, Tajine, Hummus und Feigensalat – und bietet natürlich auch vegetarische Optionen. Sie sind ja schließlich immer noch in Gent, der Veggie-Stadt Belgiens!
Jan Breydelstraat 21, T 092 240 736, weitere Infos auf Facebook www.facebook.com/pages/Uit-Steppe-En-Oase/197114557024717

The bare necessities

Kin Khao – Thai Eatery
Karte 4, C 2
Bester Thai weit und breit. Leider hat sich das rumgesprochen, sodass man nur mit Glück oder Reservierung einen Tisch bekommt. Apropos Tisch: Die Deko ist alles andere als »typisch Thai«

– schlichte Holztische und Sitzbänke, weiße Porzellanschalen, trendige Betonwand. Der Name allerdings könnte thailändischer nicht sein: »Kin Khao« bedeutet »Hast du schon gegessen«, die Frage hat im Thailändischen in etwa den gleichen Stellenwert wie »Wie geht's«?

Donkersteeg 23, T +32 468 105 959, www.kinkhao.be, Fr–Mi 12–14.30, 18–22 Uhr

Art-Nouveau inspiriert

Brasserie Pakhuis Karte 4, B 2

»'t Pakhuis« ist ein Konzept des portugiesischen Chefs und Designers Antonio Pinto, der mit 17 als Flüchtling nach Belgien kam und sein Kunststudium mit Kellnern und Kochen finanzierte. Seitdem hat er kulinarische Tempel wie das Belga Queen und die Quinquaillerie in Brüssel konzipiert, die beide von ihrem Interieur an die Art-déco-Formen des belgischen Jugendstil-Architekten Victor Horta anknüpfen. Auch im Pakhuis ist es nicht anders. Neben der typischen belgischen Brasserieküche gibt es Austern und Meeresfrüchte.

Schuurkenstraat 4, T 092 235 555, www.pakhuis.be, Mo–Do 12–14.30, 18.30–23, Fr/Sa bis 24 Uhr

Ältestes vegetarisches Lokal Gents

De Appelier Karte 3, C 5

Schon seit 1980 kann man hier etwas abseits der Touristenpfade vegetarisch essen. Kunstwerke lokaler Künstler hängen an den Decken, eine Kinderecke ermöglicht Eltern eine kurze Verschnaufpause und im Sommer ist es nett auf der Gartenterrasse, die vergessen lässt, dass das Restaurant an einer ziemlich befahrenen Straße liegt.

Citadellaan 47, T 092 216 733, www.deappelier.be, Mo–Fr 11.30–14, 17.30–20 Uhr

Gemüse satt

Madonna Karte 4, B 2

Laura, Lut und Matilde haben 2019 die einstige Brasserie Het Volk modern aufgepäppelt und in ein »Groentenrestaurant«, ein Gemüserestaurant umgewandelt. Seitdem werden zum Lunch feine Gerichte auf Gemüsebasis und abends an der Bar noch zusätzlich lokale Biere und Weine kredenzt. Wer ganz verliebt ist in die zum Restaurant gehörende Halle mit den weißen Säulen, kann hier, ein paar Schritte von der Graslei entfernt, sogar Hochzeit feiern.

Poel 7, T +32 497 161 085, www.facebook.com/MadonnaGent/, Di–Fr 12–22 Uhr, sonst auf Anfrage @MadonnaGent

Ü ÜBRIGENS

Alle Möglichkeiten, in Gent vegetarisch oder vegan zu essen, finden Sie auf der Homepage von **EVA,** der hier gegründeten Ethical Vegeratian Alternative (www.evavzw.be/resto) oder über die internationale Seite Happy Cow (www.happycow.net).

Neben der Burg

Boon Karte 4, B 1

Direkt mit Blick auf den Gravensteen sitzt man in einem gelungenen, hellen Mix aus Art-déco und Sixties-Design – oder, wenn es wärmer ist, in dem mediterran wirkenden Hinterhof, in dem manchmal auch Livemusik gespielt wird. Zum Lunch gibt es leckere Salate, Quiches und Suppen. Mit einem Raw Cake und einem guten Kaffee von der goldenen Theke kann man den Besuch perfekt abschließen.

Geldmunt 6, T +32 477 770 181, www.boon.gent, Di–Sa 11.30–17, Sa/So Frühstück (reservieren!) 9–13 Uhr

Veganes Café

Full Circle Coffee Karte 3, D 3

Im Süden der Stadt ist diese Coffee Bar ein Begriff, nicht nur wegen der leckeren Kuchen und Kaffeespezialitäten, sondern auch wegen der coolen Inneneinrichtung, der Terrasse und den Veranstaltungen zu veganen Themen. Direkt neben dem Sitz von »Groen«, der flämischen Variante der Partei Die Grünen.

Zuidstationstraat 5, T +32 479 048 197, Mo–Fr 7.30–18, Sa/So 10–18 Uhr

Essen als Medizin

Le Botaniste Karte 4, B 2

An der schönen alten Apothekentheke können Sie sich leckere vegane Bowls, Spaghetti, Sushi oder Tajine »verschreiben« lassen. Passend dazu trägt die Bedienung weiße Kittel, alles andere aber ist alles andere als klinisch-medizinisch. Die Ingwer-Apfel-Rote-Beete-Limonade lässt Sie ganz schnell wieder gesund werden (sollten Sie sich denn schwach fühlen).

Hoornstraat 13, T 092 334 535, www.lebotaniste.be, Mo–Sa 11.30–22 Uhr

Brunch und Teatime im Barock-Stil

Alice Karte 4, B 2

Mit Kronleuchtern, Fresken und hohen Decken feiert man bei Alice den »Geschmack neuer Grandeur«, wie das Motto des Lunch- und Tearooms heißt. Das Publikum ist jung, die Bedienung familienfreundlich und der Sonntagsbrunch einer der leckersten (und teuersten), den Sie in Gent bekommen können. Tipp: An anderen Tagen ist die Frühstücksauswahl vielleicht ein wenig kleiner, aber dafür deutlich preisgünstiger und genauso fein. Die hausgemachten Kuchen gibt es um die Ecke auch in der Backstube (St Michielsstraat 3) zu kaufen.

Onderbergen 6, www.alice-gent.be, Di–Fr 8.30–17.30, Sa 9–18, So 9–14.30 Uhr

Die gallertgefüllten, süßen »Nasen« Gentse Neuzen, die andernorts Cuberbon heißen, wurden in Gent erfunden.

Diese Cupcakes!

Julie's House Atelier Karte 4, B 1

Wie in einem Puppenhaus fühlt man sich bei Julie's. Klein aber fein ist der Laden an der Kraanlei und im Schaufenster sind herrliche Cupcakes und Teekannen ausgestellt. Sollte das touristisch günstig liegende Lokal voll sein: In der Bäckerei in der Elisabethlaan 26 geht es ruhiger zu.

Kraanlei 13, Mi–Mo 9–18 Uhr; **Bäckerei:** K. Elisabethlaan 26, Di–Sa 9–18.30, So 9–15 Uhr

Heiße Schokolade zum Buch

Huize Colette Karte 4, C 2

Hier gibt es leckere heiße Schokoladen, Kuchen und Suppen und dazu auf zwei Etagen ganz viele gebrauchte Bücher in vielen verschiedenen Sprachen. Einfach aus dem Regal nehmen und, wenn Sie keine Lust mehr aufs Lesen haben, zum »Drop off« bringen. »Een aanrader«, ein Tipp, würden die Genter sagen!

Belfortstraat 6, T +32 483 236 228, huizecolette@gmail.com, Mo–Fr 9–19, Sa–So 10–19 Uhr

Erst lesen, dann flirten

Bal Infernal Karte 4, C 2

Tausende von Second-Hand-Büchern zum Eintauchen, Abschweifen, auf Reisen gehen … Da kann die Zeit, die man für einen Kaffee oder Tee braucht, schnell vergehen. Dazu gibt es eine große Auswahl hausgemachter Limonaden, leckerer alkoholfreier »Mocktails« und kleiner Gerichte. Fast könnte man vergessen, dass man eigentlich zum Sightseeing da ist. Mittwochs um 19.30 Uhr ist Speed Dating angesagt – alle Daten und Infos (auf Niederländisch) stehen auf der Facebook-Seite.

Kammerstraat 6, http://lebalinfernal.be, Mo–Do 12–1, Fr–Sa 12–3, So 12–24 Uhr

Ab in den Koffer!

Kleine Boutiquen prägen das Geschäftsleben in Gent. In ihnen findet man originelle Geschenkartikel, Klamotten für jeden Geschmack und ausgefallene Artikel wie – Tapeten! Die meisten Läden liegen in den Vierteln Paterhol oder Kuip (die mit ihren kleinen Gassen die Altstadt bilden) oder südlich von St. Bavo, entlang der Veldstraat und abgehend von der Kouter. Schick wird es entlang der Vlaanderenstrat und der Walpoortstraat.

Tapetenkleister

Behangpapier Priem Karte 4, C 1

Ein Tapetenhändler in einem Reiseführer? Wenn Sie davor stehen, wissen Sie warum. Vintage, Blümchen, Louis XVI, Art Nouveau, sogar originales DDR-Design … Behangpapier Priem hat alles, und das schon seit 1927. Glaubt man dem über 80-jährigen Ivan, der mit seiner Schwester Marie-Thérèse den Laden betreibt (die Nichte will übernehmen), zieren die Genter Tapeten sogar das Weiße Haus in Washington!

Zuivelbrugstraat 1, T 092 232 537, Mo–Sa 10–18 Uhr

Tulpen aus … Gent!

Blue Poodle Art Gallery – Walter & Brigitte Duportail Karte 4, B 1

Noch ein Laden, der andernorts eher in die Kategorie »Alles bei Obi« fallen würde: Lampen! Aber es sind nicht irgendwelche Lampen, sondern kunstvoll handgefertigte Kronleuchter – »kunstzinnige Lusters« von Walter & Brigitte Duportail –, mit denen Sie eine bunte Tulpenwelt in Ihr Wohnzimmer holen können. Daneben gibt es ebenso meisterhaft schräge Vogel-Skulpturen aus Besteck.

Galerij De Blauwe Poedel: Kraanlei 25, www.kunstzinnigelusters.com, Sa/So 13–17 Uhr

Souvenirs, Souvenirs

Craenkindershuys Karte 4, B 1

In einem ehemaligen Gildehaus zwischen Huis van Alijn und Gravensteen untergebracht (ein Kran ziert das Wappen!) ist dieser gemütliche Souvenirladen *die* Adresse, um Ansichtskarten, Regenschirme, Tassen und lustige Gadgets zu kaufen. Lokales Bier, Schnäpse und Spielwaren sind auch im Sortiment. Falls Sie sich fragen, was »Krankinder« sind: So nannte man im Mittelalter die oft kleineren Arbeiter, die Kräne in die Städte zogen.

Kraanlei 2, T 092 243 309, https://craenkindershuys.be, tgl. 11–18, So bis 17.30 Uhr

Vom Korn- zum Kopfumfangmesser

Cooremeterhuys Karte 4, B 2

Im historischen Kornmesserhaus (► S. 53) werden heute nachhaltige Damentaschen, handgemachter Schmuck, einmalige Regenschirme und schöne Hüte verkauft.

Graslei 12, T 092 250 965, www.cooremetershuys.be, Mo 13.30–18, Di–Do 10.30–12.30 u. 13.30–18, Fr–Sa 10–18, So 11.30–18 Uhr

Hyggeliger Krimskrams

Dille & Kamille Karte 4, B 2

Dille & Kamille ist in puncto Wohndeko so etwas wie die niederländisch-belgische Antwort auf Ikea. Jeder geht hin, um zu stöbern, und fast jeder landet am Ende mit Kerzen oder Servietten an der Kasse. Das Design ist ebenfalls skandinavisch-schlicht, dabei extrem hygge und sehr naturbetont. Auch Korbwaren und sogar Pflanzen gehören zum Sortiment.

Hoornstraat 15, T 092 339 112, www.dille-kamille.de, Mo–Sa 9.30–18 Uhr

Öko-Shoppen

Pur Sens Karte 4, C 1

Fair hergestellte und persönlich ausgewählte Kleider und Accessoires, handgefertigte Schuhe, Schmuck und Wohndeko von kleinen europäischen Marken und kreativen Designern mit Öko-Touch – sinnvolles Einkaufen!

Meerseniersstraat 3, T 048 673 80 27, http://pursens.be, Mo, Mi–Fr 10.30–18, Sa 10.30–18.30, So 13–17 Uhr

Von Hula Hoop bis Wow!

Nathalie Engels Karte 4, C 2

1993 hat die studierte Keramikdesignerin angefangen, Mode zu machen: Hoela Hoep, eine Kinderkollektion, sorgte für Aufsehen! Sechs Jahre später wurde das Angebot um Damen- und Herrenmode erweitert, aber das verspielt-kindliche sieht man auch den Erwachsenenkleidern an. Bunte Stoffe, starke Farben und dabei dennoch elegante Schnitte machen die Teile zu Hinguckern.

Serpentstraat 1A, T 092 239 878, www.nathalie-engels.be, Mo–Mi 13–18, Fr–Sa 10.30–18 Uhr

Nach Lust und Laune

Piet Moodshop Karte 3, C 3

In einem ehemaligen Likörladen im Univiertel können Sie mit schönen Buchbänden, exotischen Pflanzen und stylischen Dekoobjekten die Heimreise antreten. Und falls Sie keinen Platz im Koffer haben: Es gibt auch einen Online-Shop. Hier wird Ihre Geschenkideen-Auswahl aufs Feinste personalisiert: Für wen soll es sein? Welchen Stil hätten Sie denn gern?

Sint-Pietersnieuwstraat 94, T 092 786 978, www.pietmoodshop.be, Mo–Sa 10–19 Uhr

Weltenbummler

Atlas & Zanzibar Karte 3, B 4

Planen Sie schon Ihre nächste Reise? Dann sind Sie in diesem Laden gut aufgehoben. Der 1993 gegründete Shop ist mit 17 000 Artikeln ein Paradies für Weltenbummler (und solche, die es werden wollen) – von Reiseführern, Atlanten, Globen bis Trekkingmaterial für die große Fahrradtour.

Kortrijksesteenweg 19, T 092 208 799, https://atlaszanzibar.be, Mo–Sa 10–18 Uhr

Im historischen Craenkindershuys werden heute originelle Souvenirs verkauft – die Auswahl reicht von Regenschirmen bis hin zu lokalem Bier.

Feierstündchen

Als Studentenstadt hat Gent ein ausgeprägtes Nachtleben. Mehrere Viertel verwandeln sich abends in Ausgehmeilen.

Am Vlasmarkt, der Keimzelle der Gentse Feesten (▶ S. 66), ist das Café Charlatan seit über 30 Jahren der Ort zum Abtanzen und Konzerte hören, am Oude Beestenmarkt, wo tagsüber Tiere verkauft werden, kann im Club 69 und daneben im Roerkuip getanzt werden und an der Overpoort im Studentenviertel reiht sich eine Kneipe an die andere.

Du sollst essen und tanzen

Holy Food Market Karte 4, C 1

Erst an einem der 17 verschiedenen Stände essen, dann abtanzen können Sie im Holy Food Market, einer umgestalteten Kapelle aus dem 16. Jh. Jeden Donnerstag-, Samstag- und Montagabend verwandelt sich die heilige Halle in einen exklusiven Tanzclub. »Holy sounds« verspricht himmlische Klänge.

Beverhoutplein 15, http://holyfoodmarket.be, Restaurants Mo–Fr 11–22, Sa/So bis 23, Bar auch nach 23 Uhr (Sa/So bis 2 Uhr)

Bar und Riesenfest

Polé Polé Karte 3, C 3

Im Polé Polé werden zu südamerikanischen und afrikanischen Klängen die besten Cocktails gemischt – im Sommer, während der Gentse Feesten, nicht nur in der Bar im Univiertel, sondern auch bei dem von der Bar organisierten Event auf der Graslei. »Polé Polé« bedeutet übrigens »sachte« auf Suaheli. Denken Sie daran und entspannen Sie sich, falls Ihnen die Wartezeit zu lang vorkommt.

Lammerstraat 8, T 093 566 700, www.polepole.be, tgl. 19–0 Uhr

A Night at the Opera

Opera Ghent Karte 3, B 3

Reiche Genter Industrielle gaben in der ersten Hälfte des 19. Jh. den Anstoß zum Bau dieses Opernhauses, das ein Aushängeschild des neu erworbenen Wohlstands der Stadt werden sollte. Wie in einem Palast fühlt man sich in den drei prachtvollen Hallen mit ihren Kronleuchtern. Kein Wunder, dass hier jeden Februar auch ein Opernball stattfindet!

Schouwburgstraat 3, https://operaballet.be

Turbo im Wandel

De Centrale Karte 3, D 1

Die einstige Elektrizitätszentrale ist 1994 zu einem interkulturellen Treff geworden. Wenig später wurde die Turbinenhalle zum Konzertsaal umgewandelt. Jetzt spielt hier Weltmusik, sogar eine Weltmusikschule ist in dem Komplex untergebracht, und bei allem liegt der Schwerpunkt auf Diversität. Viele Konzerte sind gratis, die meisten beginnen um 20 Uhr.

Kraankindersstraat 2, T 092 659 828, Konzertkalender auf: https://decentrale.be/en

ERSTE SILENT-DISCO BELGIENS

Laute Musik ist nicht Ihr Ding? Dann setzen Sie doch einfach die Kopfhörer auf und hören Sie, was Sie wollen und so laut Sie es wollen. In Gent geht das sogar in der Disco: **Abacho 2K18** Karte 4, B 2. Damit es nicht eine ganz abschottende Angelegenheit wird, verraten die Farben an Ihrem Kopfhörer, welche Art von Musik Sie hören. Vielleicht tanzt neben Ihnen ja jemand mit genau dem gleichen Musikgeschmack?

Hoogpoort 12/A, T +32 496 982 498, Facebook Abacho 2K18, Fr 22–5, Sa 22–7 Uhr

Bei den Gentse Feesten organisiert das Polé Polé eine riesige Tanzparty an der Graslei.

Brügge

Kleine Giebelhäuschen, Kanäle, Trauerweiden – und natürlich Brücken. Postkartenmotive gibt es in Brügge an jeder Ecke. Besonders beliebt ist der Rozenhoedkaai, von dem aus man den Belfried, die Brücke des Heiligen Nepomuk – inklusive Statue des Schutzpatrons – und natürlich auch Schwäne und Boote sehen kann. The place to be – das dachten sich auch die cleveren Betreiber des Cafés mit der berühmten Biermauer in der Wollestraat. Sein Name: 2be.

11

Liebe und Lobpreis – **der Beginenhof**

Elegant und gelassen gleiten die Schwäne über das Minnewater. »Lac d'amour« heißt dieser See auf Französisch, wobei mit Minne in diesem Fall gar nicht die Liebe, sondern die Minnen – Geister, die unter den Brücken hausen sollen – gemeint sind. Ganz der Liebe zu Gott verschrieben haben sich hingegen die ehemaligen Bewohnerinnen des benachbarten Beginenhofes.

Beginenhöfe gehören zur Geschichte jeder flämischen Stadt. Der Brügger Beginenhof ist einer der malerischsten.

Rund 800 Jahre lang gehörten die Beginen zum festen Bestandteil flämischer Städte – die Tradition endete erst vor ein paar Jahren, als am 14. April 2013 die letzte belgische Begine, Marcella Pattyn, in Kortrijk/Courtrai verstarb. Heute sind 13 belgische Beginenhöfe im UNESCO-Weltkulturerbe verzeichnet: **Ten Wijngaerde** 1 in Brügge ist einer der ältesten und bekanntesten von ihnen.

Wer waren die Beginen?

Am besten starten Sie Ihre Erkundung in der gemütlichen Teestube des Hotels und **Restaurants 't Bagientje** ❶. Bilder und Utensilien erzählen vom Leben jener frommen Frauen, deren Kluft und christliche Lebensweise zwar an Nonnen erinnert, die jedoch nur ein Gelübde auf Zeit abgelegt hatten und die Gemeinschaft, falls sie wollten, auch jederzeit verlassen und heiraten konnten – nur ihr Vermögen blieb in diesem Fall im Beginenhof.

Über die Prof. Dr. Sebrechtsstraat gelangt man auf dem kürzesten Weg zum Begijnenhof **Ten Wijngaerde** 1. Achtung, doppelte Verwechslungsgefahr: Das große Backsteingebäude, das diese Straße dominiert, ist nicht schon ein Teil des Beginenhofes, sondern ein privates Pflegeheim (das nicht besichtigt werden kann), und am Ende der Straße ist 't Sas (»die Schleuse«) nicht das alte Schleusenhaus, sondern eine Sozialeinrichtung. Das richtige **Sashuis** 2 befindet sich – eingerahmt von Trauerweiden und Wasser – auf der Brücke des Minnewaters, wo es ein vielfotografiertes Motiv ist.

Den Beginenhof selbst betritt man durch das linkerhand liegende steinerne Tor. Hier ist Ruhe geboten, auch wenn noch so viele Touristen durch die Gassen streifen mögen. Besonders malerisch ist es im Frühjahr, wenn die Narzissen blühen, aber auch im Winter strahlt die Anlage Besinnlichkeit aus.

Sie meinen, Sie hätten eine Begine gesehen? Höchstwahrscheinlich ist Ihnen stattdessen eine der Benediktinerinnen über den Weg gelaufen, die Ten Wijngaerde heute bewohnen.

Wein, Bier und Krankenpflege

Der Name »Ten Wijngaerde« (»Zum Weingarten«) geht auf den großen Garten rund um die Gebäude zurück, in dem Heilkräuter, Pflanzen und Weinreben angebaut wurden. Die Beginen lebten nicht nur ein frommes Leben, sondern machten sich auch nützlich für die Gemeinschaft. Sie bleichten Wäsche und klöppelten Spitze, pflegten Kranke und gaben Essen an die Armen aus. Auch Bier brauten sie, was durchaus auch eine Art Pflegedienst war: Da Wasser im Mittelalter oft verseucht war, wurde stattdessen Bier getrunken – selbst von Kindern!

Wer mehr über die Beginen erfahren möchte, sollte das kleine **Museum Begijnhuisje** am Ausgangstor besuchen. Das Haus ist wesentlich jünger als die Anlage – diese wurde 1245 von Margarete von Konstantinopel, Gräfin von Flandern, gestiftet. Das Museum hingegen ist ein Haus aus

K
KUNST

In den 1970ern brachte der Künstler Roger Raveel hölzerne Schwäne in den **Minnepark** und mischte sie unter die echten, die damals Probleme hatten, im schmutzigen Wasser zu überleben. Auch 2018 machten Künstler mit einem riesigen **Plastikwal** auf Umweltprobleme aufmerksam. Anlässlich der Brügger Triennale verwies das Kollektiv Studiokca auf das globale Plastikproblem.

dem 17. Jh., das originalgetreu eingerichtet ist und belegt: Die Beginen waren zwar fromm, aber in Armut lebten die emanzipierten Frauen nicht.

Langhälse überall – das Minnewater

Über eine Steinbrücke geht es hinaus zum Minnewater. Auf der anderen Seite lockt das **Kasteel Minnewater** 3. Im Vorbeigehen können Sie den **Pulverturm** (Poerentoren) von 1401 besichtigen, ein Überbleibsel der alten Stadtmauer. Der hintere Teil des **Minnewaterparks** 3 ist eine Oase der Ruhe.

Sicher sind Ihnen die Schwäne aufgefallen – sie gehen zurück auf die Geschichte der Stadt: Maximilian von Österreich wollte den damals reichen Brüggern hohe Steuern abknüpfen. Doch die lehnten sich dagegen auf und nahmen den Steuereintreiber Pieter Lanchals und Maximilian gefangen – Lanchals wurde geköpft. Nachdem Maximilian befreit war, verfluchte er die Brügger wegen ihrer Grausamkeit und verpflichtete sie, Schwäne – Langhälse – auf ihren Gewässern zu halten.

Faltplan Karte 5 C/D 7–9

INFOS/ÖFFNUNGSZEITEN

Beginenhof und Museum 1: tgl. 6.30–18.30 Uhr

KULINARISCHES FÜR ZWISCHENDURCH

't Bagientje 1: Oostmeers 130, T 050 331 120, www.bagientje.be, Küche 12–14, 18–22.30 Uhr

Stoepa 2: Im buddhistisch angehauchten Fachwerkhaus gibt es Currys, Misosuppe und Burger – bunt gemischt wie das fröhliche Interieur (Oostmeers 124, T 050 330 454, www.stoepa.be, 11.45–2, Küche 12–14, 18–24 Uhr)

Dumon 1: In Antwerpen sind es die »Handjes«, in Gent die »Neuzen« und in Brügge die »Brugse Zwaantjes«: Der Schokoladenschwan wird seit 2006 kreiert und ist nur bei Mitgliedern der Brügger Schokoladengilde erhältlich, unter anderem bei **Dumon** (Simon Stevinplein 11, https://www.brugesinchoc.be.)

Meisterwerke zwischen Pralinen und Bier – **die Altstadt**

12

Mit gespiegelter Sonnenbrille und rot geschminkten Lippen blickt die Pappmaché-Begine aus dem Dachfenster des Restaurants Maximiliaan Van Oostenrijk. Hier ist die Schwelle vom ruhigen, romantischen Minnewater-Viertel zum quirligen Treiben der Altstadtgassen. Boutiquen bieten alle Exportschlager Belgiens an: Pralinen, Waffeln, Spitzendeckchen und Bier.

Am **Pferdekopfbrunnen** 1 kommt Ihnen vielleicht eine Kutsche entgegen. Der Brunnen dient als Tränke und hier machen die Kutschen halt, um den Gästen eine Besichtigung des Beginenhofes zu ermöglichen. Sind auch Sie durstig? Dann probieren Sie doch einmal ein Schokobier – die be-

Wer auf der Bonifatiusbrücke Blickkontakt hat, soll die Liebe seines Lebens gefunden haben – so heißt es jedenfalls.

Maria von Burgund liegt neben ihrem Vater, Karl dem Kühnen, begraben.

sondere belgische Kombination wird bei **Chocolate Kiss** (Wijngaardstraat 20) angeboten. Wer lieber traditionelles Bier mag, sollte bei der Brügger Brauerei **De Halve Maan** 1 (► S. 100) einkehren.

Ein Krankenhaus voller Kunst

Wie bei den Beginen um Krankenpflege, vor allem aber auch um Kunst geht es im **Sint-Janshospitaal/Memlingmuseum** 2. Aus dem Innenhof heraus locken Mumien und Picasso – richtig bekannt aber ist Oud Sint-Jan, das vermutlich noch vor 1188 gebaut wurde und somit eines der ältesten Spitäler Europas ist, wegen seiner Kirche. In ihr sind sechs Meisterwerke von Hans Memling, einem der bedeutendsten Maler der Flämischen Primitiven, untergebracht. Memling kam aus Köln nach Brügge, um seine Kunst bei den Großen seiner Zeit zu perfektionieren, trug Köln dabei in Gedanken mit sich und verewigte den damals im Bau befindlichen Dom in einem seiner bekanntesten Werke, dem Reliquienschrein der heiligen Ursula.

Madonna – ein echter Michelangelo!

Der **Liebfrauenkirche (Onze-Lieve-Vrouwekerk)** 3 direkt gegenüber stifteten reiche Brügger Kaufleute 1514 eine Madonna von Michelangelo. Schon Albrecht Dürer kam hierher, um die Marmorskulptur mit der ungewöhnlichen sitzenden Mariendarstellung zu bewundern. Ursprünglich war diese für den Dom zu Siena bestimmt gewesen, doch aus ungeklärten Gründen verkaufte Michelangelo sein Frühwerk, das vermutlich 1503 entstanden ist. Weitere bedeutende Kunstwerke sind die Sarkophage der beliebten Herzogin Maria von Burgund (Ehefrau des weit weniger beliebten Maximilian von Österreich) und ihres Vaters Karls des Kühnen. Auch Pieter Lanchals (► S. 82) ist

Ü ÜBRIGENS

Werfen Sie einen Blick hinter die **Liebfrauenkirche** 3 – der kleine Park führt zur **Bonifatiusbrücke** 4 und von dort aus zum Arentshuis und dem Groeningemuseum (► S. 99). Benannt ist die Brücke nach dem heiligen Bonifatius, dessen Reliquie die Kirche bewahrt. Wer sich auf dem schmalen Steg begegne und dabei Blickkontakt habe, sei füreinander bestimmt, so der Volksmund. Besonders alt kann diese Legende allerdings nicht sein: Die Brücke sieht zwar mittelalterlich aus, wurde aber erst 1910 gebaut.

in dieser Kirche begraben. Eine Kathedrale wie die in Antwerpen ist die Liebfrauenkirche zwar nicht, aber mit ihren 115,60 m ist sie das zweithöchste Backsteingebäude der Welt und ein wichtiger Orientierungspunkt in der überwiegend von kleinen Häusern geprägten Brügger Altstadt.

Bischofssitz und älteste Pfarrkirche der Stadt ist die **St. Salvatorkathedrale** 5. Im hell renovierten Schiff strebt alles nach oben, im Chor hängen wertvolle Brüsseler Tapisserien. Bei Renovierungsarbeiten stieß man auf die Überreste eines romanischen Westportals. Auch Gräber aus dem Mittelalter sind hier zu sehen.

Um in die Gegenwart zurückzukommen, hilft die **Zuidzandstraat,** eine *der* Einkaufsstraßen der Stadt. Das Einkaufszentrum **Zilverpand** 2 ist eine durchaus charmant angelegte Passage aus den 1970ern, in der man abseits der Touristenmassen shoppen, essen oder einen Kaffee trinken kann.

Die »besten Pralinen von Brügge« gibt es nicht nur an einer Stelle. Die ganze Altstadt will nur das Beste verkaufen.

INFOS/ÖFFNUNGSZEITEN

St. Jans/Memlingmuseum 2: Mariastraat 38, Di–So 9.30–17 Uhr, letzte Tickets 16.30 Uhr
Liebfrauenkirche 3: Mariastraat, Mo–Sa 9.30–17, So 13.30–17 Uhr
St. Salvatorskathedrale 5: Sint-Salvatorskoorstraat 8, Mo–Sa 10–13, 14–17, So 11.30–12, 14–17 Uhr

KULINARISCHES FÜR ZWISCHENDURCH

Cafedraal 2: Zilverstraat 38, T 050 340 845, www.cafedraal.be. Im Innenhof kann man mit Blick auf die St. Salvatorskathedrale einen Drink nehmen, im Restaurant stilvoll lunchen und dinieren.
Viva Sara 3: Ein modernes Café mit eigener Rösterrei und schönem Verkaufsladen. Zilverpand, www.vivasara.be, Mo–Sa 9.30–17.00 Uhr.

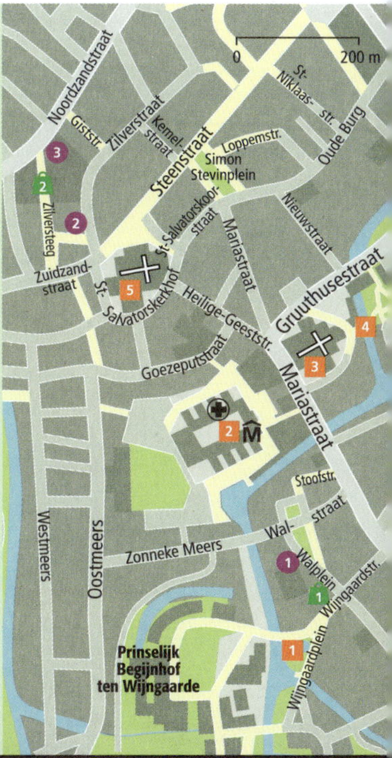

Faltplan Karte 5 C/D 7/8

13

Brügge sehen und sterben – **der Belfried**

Showdown auf dem Brügger Belfried: Mit blutendem Bein hievt sich Ken die Stufen hinauf, um seinen Komplizen Ray zu warnen. Ganz so dramatisch wie »In Bruges« geht es zwar nicht zu, wenn Touristen die 366 Stufen erklimmen, doch der Ausblick ist genauso beeindruckend wie im Film.

Fast ein wenig überdimensioniert ragt der Belfried am **Markt** 1 empor. 83 m ist er hoch und wie in Gent nicht Teil des Rathauses, sondern der **Tuchhalle** 2, die von der einstigen Bedeutung des Handels in Flandern zeugt. In Brügge kamen zwischen dem 13. und 15. Jh. Kaufleute aus der gesamten damals bekannten Welt zusammen, in der Tuchhalle wurde das berühmte Brügger Tuch hergestellt und gehandelt und auch die Stoffe der in die Stadt kommenden Kaufleute wurden hier gelagert.

Pieter de Coninck und Jan Breydel haben noch heute ein wachsames Auge auf Markt und Belfried.

Malerische Giebelhäuschen, wohin man auch schaut – bei vielen lohnt es sich, auf die Details zu achten.

5 Euro wie in dem Film »Brügge sehen und sterben« kostet es längst nicht mehr, den Belfried zu besteigen, und eng werden kann es, doch der Aufstieg (Verschnaufspause bietet sich in der alten Schatzkammer an) wird belohnt mit einem Blick auf den Marktplatz, der Turm selber beeindruckt mit seinen 47 Glocken. Vielleicht gibt der Glockenspieler (Carilloneur) sogar gerade sein Konzert?

Köpfe, gehasst und gefeiert

Im **Huis Craenenburg** 1 am Markt, das mittlerweile eine Brasserie ist, musste einst Maximilian von Habsburg von seinem Gefängnis aus zuschauen, wie Pieter Lanchals (► S. 82) geköpft wurde. Ein anderer Pieter, Pieter de Coninck, überblickt heute zusammen mit Jan Breydel den Markplatz. Die beiden waren Vorsteher der Brügger Metzger- und Weberzunft, Anführer im Kampf gegen die damalige französische Besatzung und gelten heute als Freiheitskämpfer. Ihnen ist es zu verdanken, dass der 11. Juli ein Feiertag in Flandern ist. Wie das kam, erfahren Sie im **Historium** 3. Das Museum ist auch eine gute Alternative, um auf bequemere Art als durch die Besteigung des Belfried von oben auf den Marktplatz zu schauen: Im Historium gibt es einen Aufzug und eine ziemlich effektvolle Darstellung der Geschichte der Stadt – spannend auch für Kinder und alle, die immer schon mit einer Virtual-Reality-Brille in Flanderns Goldenes Zeitalter reisen wollten.

Das imposante Bauwerk direkt daneben ist gar nicht so alt wie es aussieht: Der **Provinciaal Hof (Provinzialpalast)** 4 wurde zwischen 1887 und 1921 erbaut und diente als Sitz der flämischen Provinzen. Früher stand hier die 1294 erbaute Wasserhalle, ein überdachter Stapelplatz, an

Witzige Details veranschaulichen im Frittenmuseum die Geschichte der Pommes.

dem be- und entladen wurde, doch als der Zugang zur Nordsee versandet war und die Boote nicht mehr anlegen konnten, verkümmerte die Halle und wurde schließlich 1787 abgerissen. Am Neubau und auch am Bau des daneben liegenden Postamts war übrigens Louis Delacenserie, der Architekt des Antwerpener Hauptbahnhofs, beteiligt. Im ehemaligen Postgebäude (Markt 5) sind heute der Concept Store **Sissy-Boy** 1 und das Biermuseum (► S. 100) untergebracht (der Eingang für letzteres ist um die Ecke).

Seit 1995 ist der Marktplatz autofrei – was mit einer Feier und Gesangseinlage von Schwiegermama-Liebling Helmut Lotti begangen wurde. Der 1 ha große Markt ist der ideale Startplatz für die Kutschen, die immer noch ein beliebtes Touristenbeförderungsmittel sind. Unumstritten sind sie nicht: Als im Sommer 2018 ein Pferd vermutlich aufgrund der Hitze zusammenbrach, wurde eine Petition gestartet, den Brauch aufzugeben.

Die Entstehung der Börse

Vom 13. bis ins 15. Jh. wurde Brügge eine hohe Bedeutung beigemessen. Viele Länder hatten in jener Zeit in anderen Ländern Nationenhäuser. Und so kam es, dass die Börse in Brügge entstand: In der **Herberge der Familie van der Beurse** 5 trafen sich die Kaufleute der benachbarten Nationenhäuser – Venezianer, Florentiner und Genueser –, die in der **Saaihalle** 6 (heute das Frittenmuseum, Vlamingstraat 33) untergebracht waren. Da sie im Haus van der Beurse Tauschgeschäfte betrieben und im Familienwappen drei Geldbeutel zu sehen sind, war ca. 1409 der Name für den Handelsplatz geboren: Borsa. Die erste ausschließliche Börse entstand übrigens erst ein Jahrhundert später, 1531 in Antwerpen, und ist ein prachtvolles Gebäude (► S. 20).

Bevor die Waren gehandelt wurden, mussten sie natürlich erst ankommen. Ankunftspunkt war dort, wo heute dem Maler des Genter Altars ein Denkmal gesetzt ist: Am **Jan-van-Eyck-plein** 7 befand sich der Hafen. In der reich verzierten Bürgerloge (Porteerloge) direkt am Platz wurden die Händler empfangen und Geschäfte abgewickelt.

Ü
ÜBRIGENS

Brügge war vom 13. bis 15. Jh. so wichtig, dass die Hanse eines ihrer vier Handelskontoren in der Stadt unterhielt. Im **Brügger Rathaus** 9 sieht man eine Wandszene, die zeigt, wie ein Brügger Magistrat der Deutschen Hanse Rechte gewährt: »Alle Händler, die Deutsch sprechen, sind frei, in das Land zu kommen, im Land zu reisen und zu bleiben.«

UM DIE ECKE

Waren die Italiener um den Börsenplatz (heute Vlamingstraat) untergebracht, so war der Sitz der deutschen Hanse seit 1442 im Oosterlingenhuis am heutigen **Oosterlingenplein** 8. Die Fassade des Hansesitzes war so imposant, dass sie der Maler Pieter Claeissens 1560 in sein Gemälde der Sieben Wunder von Brügge aufnahm. Heute ist davon nicht viel übrig, der Platz ist nicht sonderlich ansehnlich, aber ein Familienhotel versucht, den Glanz der alten Zeiten zurückzuholen (www.bryghiahotel.be/en/history).

INFOS/ÖFFNUNGSZEITEN

Tuchhalle/Belfried 2: Markt 7, T 050 448 743, tgl. 9.30–18 Uhr, Erwachsene 12 €, bis 25 J. und ab 65 J. 10 €, gratis mit Museumspass (Musea Brugge Card)
Historium 3: Markt 1, T 050 270 311, tgl. 10–18 Uhr, Erwachsene 17,50 € bei Online-Bestellung, für diverse Preiskombinationen vgl. www.historium.be

WAFFELN UND FRITTEN

Craenenburg 1: Seit über 50 Jahren eine familiengeführte Brasserie, in der auch Locals eingekehren (Markt 16, T 050 333 402, www.craenenburg.be).
Potato Bar 2: Die Frittenbuden vor der Tuchhalle haben zwar eine lange Tradition (seit 1897!), aber besser bedient ist man in der Potato Bar, in der man die Kartoffelschnitze à la »Mary of Burgundy« mit »Old Bruges Topping« essen kann. Auch die für Belgien typischen Kroketten, Burger und ein »Green Field Vegetarian«-Salat stehen auf der Karte (St. Amandstraat 31, www.thepotatobar.be, Mi–Mo 12–22 Uhr).
Lizzie's Waffles 3: Sint-Jakobsstraat 16, T 050 348 769, www.lizzieswafels brugge.be
Go.fre 2: Breidelstraat 11, T 050 950 010, facebook.com/gofrebe/

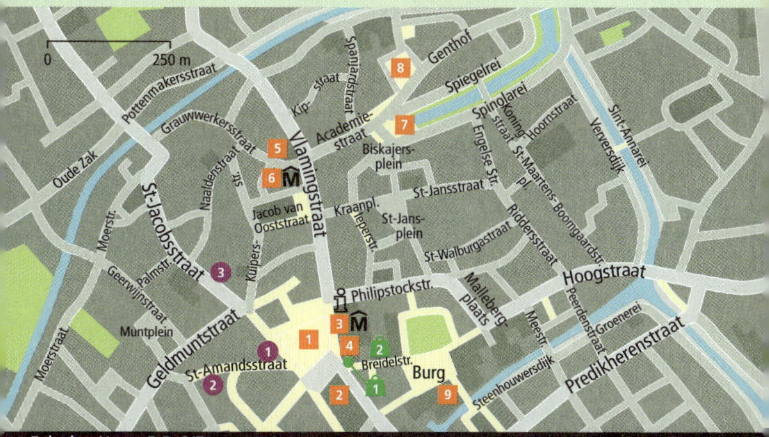

Faltplan Karte 5 D 6/7

14

Wunder geschehen – die Heilig-Blut-Basilika

Kennen Sie die Repräsentative Liste des immateriellen Kulturerbes der Menschheit? Die Liste ist Teil des Welterbe-Programms der UNESCO und eine Tradition der Brügger ist darin aufgenommen: die Heilig-Blut-Prozession an Christi Himmelfahrt.

Jedes Jahr an Christi Himmelfahrt pilgern etwa 2000 Menschen durch die Brügger Altstadt, einem Konvoi aus Kuttenträgern, Blasmusikkapellen und bunten Bannern folgend, eine kleine, aber nicht unbedeutende Reliquie vor sich hertragend: das heilige Blut Jesu, das Graf Dietrich von Elsass im Jahr 1150 nach dem Zweiten Kreuzzug aus Jerusalem mitgebracht haben soll. Und

Jung und Alt lassen sich von der Heilig-Blut-Prozession in den Bann ziehen.

Heilig-Blut-Basilika: eine kostbare Hülle für einen kleinen Tropfen Blut.

da eine so wertvolle Reliquie natürlich gebührend aufbewahrt werden muss, wurde sie zur Burg gebracht, wo Dietrich zwischen 1134 und 1149 eine Doppelkirche hatte bauen lassen.

Viel ist von der alten Burg nicht übrig – nur die Doppelkirche, heute als **Heilig-Blut-Basilika** 1 bekannt, steht noch. Die Unterkirche ist im ursprünglichen romanischen Stil geblieben – die Oberkirche aber, in der die Reliquie aufbewahrt wird, ist eine fast orthodox wirkende Kapelle, die zunächst im gotischen Stil, aber nach ihrer Verwüstung durch revolutionäre französische Truppen 1790 im neugotischen Stil wiederaufgebaut worden ist. Die Glasfenster zeigen die Regenten, die über Flandern herrschten, von Philipp dem Kühnen bis Maria Theresia von Österreich. Auch die Aufbewahrung der Ampulle ist heute prunkvoller als im Mittelalter: Der 1617 gefertigte Reliquienstein, der bei der Heilig-Blut-Prozession durch die Stadt getragen wird, ist verziert mit Hunderten von Edelsteinen, darunter einem schwarzen Diamanten, der Maria Stuart gehört haben soll. Bei so viel Glanz gerät die Unterkirche fast in Vergessenheit. Dabei beherbergt auch sie eine Reliquie: diejenige des Heiligen Basilius, des Schutzpatrons der Kirche.

Neben der kirchlichen die weltliche Macht

Dort, wo früher die Burg stand, ist heute das spätgotische **Stadthaus** 2 zu sehen, daneben die barocke **Staatskanzlei** 3 und links davon das **Museum des Brügger Freiamts (Brugse Vrije)** 4.

Fast unscheinbar wirkt das **Stadhuis** 2, gerade im Vergleich zu der sehr dominanten Tuchhalle auf dem Markt. Doch die Finesse liegt im Detail:

R
RELIQUIE

Die Tradition des Umzugs besteht schon seit mindestens 1303. Die Verehrung des **heiligen Blutes** zieht aber nicht nur an Christi Himmelfahrt die Gläubigen nach Brügge. Auch außerhalb dieses Festtags kann die Reliquie besichtigt werden: Zweimal täglich wird sie im Rahmen einer Messe den Gläubigern gezeigt, und die Prozession bis hin zu dem kleinen Gefäß mit den Blutstropfen, das Anstehen und Warten, kann sich durchaus mit denen großer Pilgerstätten messen.

R
RELIKT

Ein weiteres Relikt aus dem Mittelalter gibt es gegenüber der »Burg«: Im (wenig historischen) **Crown Plaza Hotel** 1 (Burg 10) findet man Überreste der alten Donatuskathedrale, die früher mit Markt und Burg eine imposante Einheit bildete. Fragen Sie an der Rezeption, ob Sie mal in den Keller dürfen.

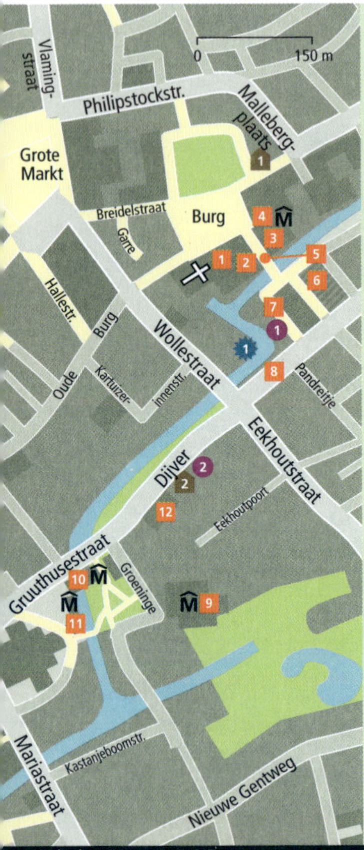

Faltplan Karte 5 E 6/7

INFOS/ÖFFNUNGSZEITEN

Heilig-Blut-Basilika 1: Burg 13, Eintritt frei; Schatzkammer: tgl. 9.30–12.30 und 14–17.30 Uhr, 2,50 €, bei Gruppen ab 15 Pers. 2 €; Verehrung der Reliquie: tgl. 11.30–12 und 14–16 Uhr

Stadhuis 2: Burg 12, tgl. 9.30–17 Uhr (Einlass bis 16.30 Uhr), 6 €/5 €, Kinder bis 11 J. frei, Eintritt zu Brugse Vrije (Burg 11a) inklusive

Übrigens: Wer mehr über das Stadhuis und den Gotischen Saal erfahren möchte, sollte unbedingt die App XploreBruges downloaden. Alle Szenen der Wandgemälde werden anschaulich erklärt.

HUNGER UND DURST

't Huidevettershuis 1: Im alten Gerberhaus kann man heute in gemütlicher Atmosphäre und für Brügger Verhältnisse relativ günstig essen (Huidenvettersplein 10–11, T 050 339 506, www.huidevettershuis.be, Lunch 24 €).

Den Dyver 2: Deftige belgische Küche in nettem Ambiente und zu fairem Lunch-Preis (Dijver 5, T 050 336 069, http://www.dyver.be).

2be 1: Für ein Bier am besten über die Nepomuk-Brücke zu 2be gehen und die Biermauer bewundern (Wollestraat 53, T 050 611 222, www.2-be.biz)

Die Statuen auf der Fassade zeigen die Grafen von Flandern und biblische Figuren. Das Rathaus wurde zwischen 1376 und 1420 erbaut, ist damit eine der ältesten Stadthallen Flanderns und war zudem Vorbild u. a. für die Rathäuser in Brüssel und Gent.

Die ursprünglichen Figuren waren von Jan van Eyck gemalt worden, doch auch sie fielen der französischen Revolution zum Opfer und mussten später renoviert werden, genau wie die gesamte Stadthalle, die im Laufe der Zeit erweitert wurde und ihr jetziges Aussehen im 19. Jh. erhalten hat. An der Renovierung des Gotischen Saals im Obergeschoss war Louis Delacenserie beteiligt, der zum Stadtarchitekten von Brügge ernannt worden war. Er war es auch, der die Wandgemälde und das Kreuzrippengewölbe gestaltete.

An den Reien

Vom Stadhuis aus wird seit über 600 Jahren die Stadt verwaltet, das Umland jedoch wurde vom **Brügger Freiamt (Brugse Vrije)** 4 aus ab dem Spätmittelalter bis 1795 kontrolliert. Bis 1984 diente das barocke Gebäude als Gericht. Heute kann es zusammen mit dem Stadthaus besichtigt werden.

Gehen Sie durch den Torbogen zwischen Stadthaus und Staatskanzlei: Die ein bisschen venezianisch anmutende Gasse – die **Blinde Ezelstraat** 5 – führt direkt zum **Vismarkt** 6. Von Mittwoch bis Samstag kann man in den Arkaden auch heute noch Fisch kaufen. Über den **Huidenvettersplein** 7, wo früher gegerbt wurde und nun lecker gegessen werden kann, geht es zur Schokoladenseite von Brügge: dem **Rozenhoudkaai** 8. Man kann gar nicht anders, als hier ein Bild zu machen.

Weiter auf der Dijver ist neben dem berühmten **Groeningemuseum** 9, dem **Arentshuis** 10 (Dijver 16) und dem **Gruuthuse-Museum** 11 (nähere Infos zu diesen drei Museen auf ► S. 99) das **College of Europe** 12 zuhause. Die Kaderschmiede der EU-Institutionen wurde 1949 gegründet und hat mittlerweile eine zweite Niederlassung in Natolin bei Warschau. 350 Studenten aus über 50 Ländern studieren an dem College in Brügge und haben das Privileg, die schöne Aussicht auf die Brügger Kanäle, die Reien, zehn Monate lang zu genießen.

Ü ÜBRIGENS

Im **Hotel De Tuilerieën** 2 auf der Dijver sind Colin Farell, Ralph Fiennes und Brendan Gleeson übrigens wirklich abgestiegen, als sie »Brügge sehen … und sterben?« gedreht haben. An der Wall of Fame am Eingang zum Hotel sind sie neben Fotos vom Königspaar und anderen VIPs wie den Sängern Adamo (aus Belgien), Jean-Jacques Goldman (aus Frankreich) und Sasha (aus Deutschland) zu sehen.

Wer in Brügge nur auf den Boden schaut, verpasst was – zum Beispiel die reich verzierte barocke Fassade der Staatskanzlei, die gleich neben dem Stadthaus steht.

15

Zeit fürs Meer – **mit der Tram am Strand entlang**

Eine Straßenbahnlinie, die von Landesgrenze zu Landesgrenze fährt und dabei immer am Strand bleibt – in Belgien ist das möglich. Setzen Sie sich einfach in Brügge in den Zug Richtung Meer: Egal welchen Ort Sie sich aussuchen – die Kustbaan, die längste Straßenbahnlinie der Welt, verbindet sie alle.

»Es ist Sommer hier oben am Meer, die bunten Badehäuser leuchten in der Sonne. Stefan Zweig sitzt im dritten Sock eines weißen Hauses am breiten Boulevard von Ostende in einer Loggia. Er schaut aufs Meer. Davon hat er immer geträumt, von diesem großen Blick in den Sommer, in die Leere, schreibend und schauend«, schreibt Volker Weidermann in seinem Roman **Ostende.**

Wer genug vom Stadtleben hat, flüchtet an den Strand – am besten mit einem Drachen bepackt, um diesen bei Ostende gen Himmel steigen zu lassen.

Ob es mit dem Sommer in Belgien hinhaut, ist immer so eine Sache … den Blick aufs Meer aber genießt man in jedem Fall, am besten – erstaunlicherweise – aus einem der wenig ansehnlichen Apartmentblocks, die die meisten belgischen Küstenorte mittlerweile charakterisieren.

Viel ist von dem Ostende, das Stefan Zweig und seine Literaten-Freunde 1936 zusammenbrachte, nicht mehr zu sehen. 1940 marschierten deutsche Truppen in die Stadt ein, 1944 wurde sie durch Luftangriffe der Alliierten fast vollständig zerstört. Ostende war ein strategischer Seehafen und wird auch heute noch von großen Schiffen, meist Fähren aus England, angesteuert.

Königliches Seebad Ostende

Auch Leopold I, erster König der Belgier, kam 1831 aus England hier an, bevor er den Thron bestieg. Ostende wurde zur königlichen Sommerresidenz, Königin Marie-Louise, seine Frau, starb hier im Alter von 38 Jahren, und ihr Sohn Leopold II prägte den Ort mit Baumaßnahmen (wie überall, wohin er auch kam). So entstand 1900 die **Venezianische Galerie** 1 (Albert-I-Promenade), die noch heute an den einstigen Glanz des Seebads erinnert.

Unter den erhaltenen Bauwerken der Belle Époque ist auch die **Villa Maritza** 2 (Albert-I-Promenade 76) und ein paar Schritte weiter die **Villa Yvonne** 3, die heute per Airbnb gebucht werden kann. In der Vlaanderenstraat 25 steht das **Geburtshaus des Malers James Ensor** 4, dessen Mutter eine Maskenboutique hatte. Weitere seiner Werke sind im New Yorker Guggenheim-Museum, im Musée d'Orsay in Paris und im **Mu.ZEE** 5 von Ostende zu sehen. Ostende ist mit seinen 70 000 Einwohnern weit mehr als ein kleines Seebad!

In De Haan auf den Spuren Einsteins

Der Bauwahn der 1970er hat das 10 km entfernte **De Haan** 7 zum Glück verschont. Auf dem Wartehäuschen am Bahnhof ist der französische Name von De Haan »Le Coq sur Mer« zu lesen, auch die herrschaftlichen Villen erinnern an nordfranzösische Badeorte wie Cabourg.

Wie Ostende hatte De Haan berühmten Besuch: Albert Einstein lebte 1933 einige Monate im **Hotel Astoria.** Eine Büste ist in der Lobby zu sehen, eine Statue von ihm steht vor dem Hotel.

Z ZEIT

Wenig Zeit? Dann schauen Sie sich zuerst die **Venezianische Galerie** in Ostende an, verbringen dann ein paar Stunden in **De Haan,** gönnen sich ein Bier oder einen Kaffee am **Pier von Blankenberge** und machen über **Knokke** einen Abstecher nach **Het Zwin,** wo der Strand noch natürlich und unverbaut ist.

D DAMIAAN

Im Hafen von Ostende liegt die **Mercator** 6, die 1936 die sterblichen Überreste von Pater Damiaan nach Belgien brachte. Damiaan, der sich für die Leprakranken eingesetzt hatte und 2009 heiliggesprochen wurde, wird in seinem Geburtsland sehr verehrt. Schulen starten einmal im Jahr eine Pater-Damiaan-Aktion und sammeln für Bedürftige. Auch in vielen Kirchen ist Damiaan abgebildet.

Wenn die Küstenbahn Knokke erreicht hat, steigt man am besten auf den Drahtesel um. Damit lässt sich auch das Naturschutzgebiet Het Zwin erreichen.

Ein Bier auf dem Pier in Blankenberge

Markenzeichen von **Blankenberge** 8 ist der 1933 erbaute **Pier,** der mit einer 350 m langen Promenade ins Meer ragt. Hier finden Ausstellungen, Tanzveranstaltungen und sonstige Events statt, und wenn es die Wind- und Wetterverhältnisse zulassen, kann man auf der Terrasse des Cafés Bier mit Käsewürfeln, Kaffee mit Crêpes bestellen oder klassische Bistrogerichte essen. Es ist bereits der zweite Pier an dieser Stelle. Der erste, 1894 im Art-Nouveau-Stil erbaute, wurde während des Ersten Weltkriegs 1914 von den Deutschen in Brand gesetzt.

Wie in Ostende ist die Uferpromenade heute von Apartmentblöcken gekennzeichnet und auch die Haupteinkaufsstraße ist »modern«. Doch die Art-déco- und Art-Nouveau-Zeit, in der Blankenberge ein wichtiges Zentrum war, ist noch in einigen Bauwerken lebendig. Erkundigen Sie sich am **Infopunkt Touristik** in der Hoogstraat 2 nach der Kulturerbe-Wanderroute oder der Jugendstil-Wanderroute und besichtigen Sie das Belle-Époque-Zentrum.

Sehen und Gesehen werden – Knokke

Knokke 9 ist ein bisschen das Saint Tropez von Belgien. Hier wohnen die Reichen und Schönen. Das spiegelt sich auch in den schicken Boutiquen wider, vor denen meist große und teure Autos stehen. »Place m'as-tu vu« (Hast du mich nicht gesehen?) wird deshalb ironisch die **Place Albert** genannt. Ironisch war auch der belgische Chansonnier Jacques Brel, der die Stadt in seinem bissig-erotischen Lied »Knokke-Le-Zoute Tango« besungen hat. Mit dem Reichtum kommen natürlich auch Investitionen: Im **Casino** mit seinem sehenswerten Magritte-Saal finden regelmäßig Ausstellungen berühmter Künstler statt, eine Skulptur von Nikki de Saint Phalle ziert die (ansonsten durch die charakteristischen Ferienwohnungen verunstaltete) Strandpromenade. Schön ist eigentlich nur das Bungalow-Viertel, das mit die teuersten Immobilienpreise in Belgien hat.

Wenn Sie Zeit haben, mieten Sie ein Fahrrad (Infos zu Routen unter www.myknokke-heist.be/de/fahrrad-fahren; Fahrradverleihe am Zeedijk, www.rentabike.be) und fahren nach **Het Zwin** 10. Das heutige Naturschutzgebiet hat herrliche,

S
SCHLAFEN

Spezialisiert auf schöne Ferienhäuser ist **Zalig aan Zee** (*zalig* ist ein Ausdruck, der »selig«, aber auch »heimelig« und einfach »nett« bedeutet). Ab 8 Personen können Sie ein nettes Ferienhaus in Knokke oder Blankenberge mieten (www.zaligaanzee.be).

unverbaute Sandstrände und ist Heimat für zahlreiche salzresistente Pflanzen und viele Tausende von Vögeln. Die Versandung von Het Zwin hat einst den Untergang Brügges als Handelsmetropole besiegelt, genau wie die Sturmflut, die Het Zwin im 12. Jh. entstehen ließ, zu Brügges Aufstieg beigetragen hat.

INFOS KUSTBAAN

www.delijn.be/de/kusttram/

INFOS/ÖFFNUNGSZEITEN

Toerisme Oostende: Monacoplein 2, T 059 701 199, Juli/Aug. 9–19, sonst 10–17.30/18 Uhr

Ensor Haus 4: Vlaanderenstraat 25, bei Redaktionsschluss wg. Renovierung geschl.

Mu.ZEE 5: Romestraat 11, T 059 508 118, Ostende, www.muzee.be

Infopunkt Touristik Blankenberge 8: Hoogstraat 2, Blankenberge, Mo–Sa 9–12 u. 12.30–17 Uhr

Pier Blankenberge: Zeedijk 261, T 050 433 750, http://www.belgiumpier.be

Belle Epoque Centrum: Elisabethstraat 24, T 050 636 640, Blankenberge, https://www.belleepoquecentrum.be

Tourismus Knokke-Heist 9: Zeedijk 660, T 050 630 380, tgl. 8.30–18 Uhr

Het Zwin Nationalpark 10: Graaf Léon Lippensdreef 8, T 050 607 086, 8300 Knokke-Heist

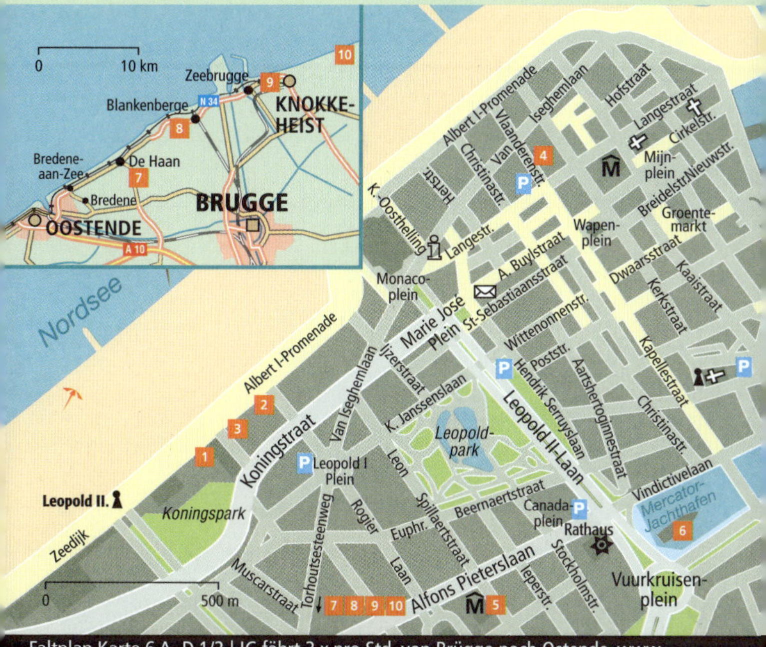

Faltplan Karte 6 A–D 1/2 | IC fährt 3 x pro Std. von Brügge nach Ostende, www.belgiantrain.be/de/, die Kustbaan fährt direkt vom Bahnhof Ostende ab

Brügges Museumslandschaft

War Brügge vom 13. bis zum 15. Jh. ein wichtiges Zentrum des Handels, so war das »Venedig des Nordens« auch in der Kunst federführend. Wie Florenz in der Renaissance oder Paris im Fin de Siècle zog Brügge Künstler aus der damals bekannten Welt an. Maßgeblich zu diesem Ruhm beigetragen haben die **»Flämischen Primitiven«,** jene Künstlergruppe um Jan Van Eyck und Hans Memling, die im 15. Jh. die Malerei veränderte. Die Beherrschung der Ölfarbe, der Einsatz des Lichts und ein Blick fürs Detail machten die auch als »altniederländische Kunst« bekannte Schule weit über die Grenzen Flanderns berühmt. Neu waren die Finanzierung und die Rolle der Kunst: Die Aufträge kamen nicht nur von Kirche und Adel, sondern auch von Städten und ihren reichen Bürgern. Zum ersten Mal genoss der Maler eine herausragende Stellung in der Gesellschaft.
Wenn Sie mehr über die Flämischen Primitiven erfahren möchten, sollten Sie auf jeden Fall neben dem **Groeningemuseum** (Dijver 12) auch das **Sint-Janshospitaal/Memlingmuseum** (► S. 85) besuchen. Daneben gibt das **Museum Gruuthuse** Einblicke in das Leben einer der mächtigsten Handelsfamilien Brügges, die große Kunstmäzene waren.

TIPPS FÜR DEN MUSEUMSBESUCH

Die meisten Museen befinden sich an der Dijver, der Brügger Museumsmeile, die übrigen im volkstümlichen Sint-Annakwartier. Viele können mit Sondertickets prima kombiniert werden und alle sind auf dieser Seite aufgelistet: https://www.visitbruges.be/16-museen.

Musea Brugge Card: 14 auf einen Schlag! Gültig für alle städtischen Museen, an drei aufeinanderfolgenden Tagen, www.visitbruges.be/16-museen, 28 € (ab 26 J.), 22 € (18–25 J.).

Kombitickets
Gruuthusemuseum & Liebfrauenkirche: 14 € (18+ J.)
Volkskundemuseum & Kantcentrum: 10 € (18+ J.)
Groeningemuseum & Historium: 22 € (via www.historium.be)

Bild um Bild wartet im Sint-Janshospitaal auf Betrachter.

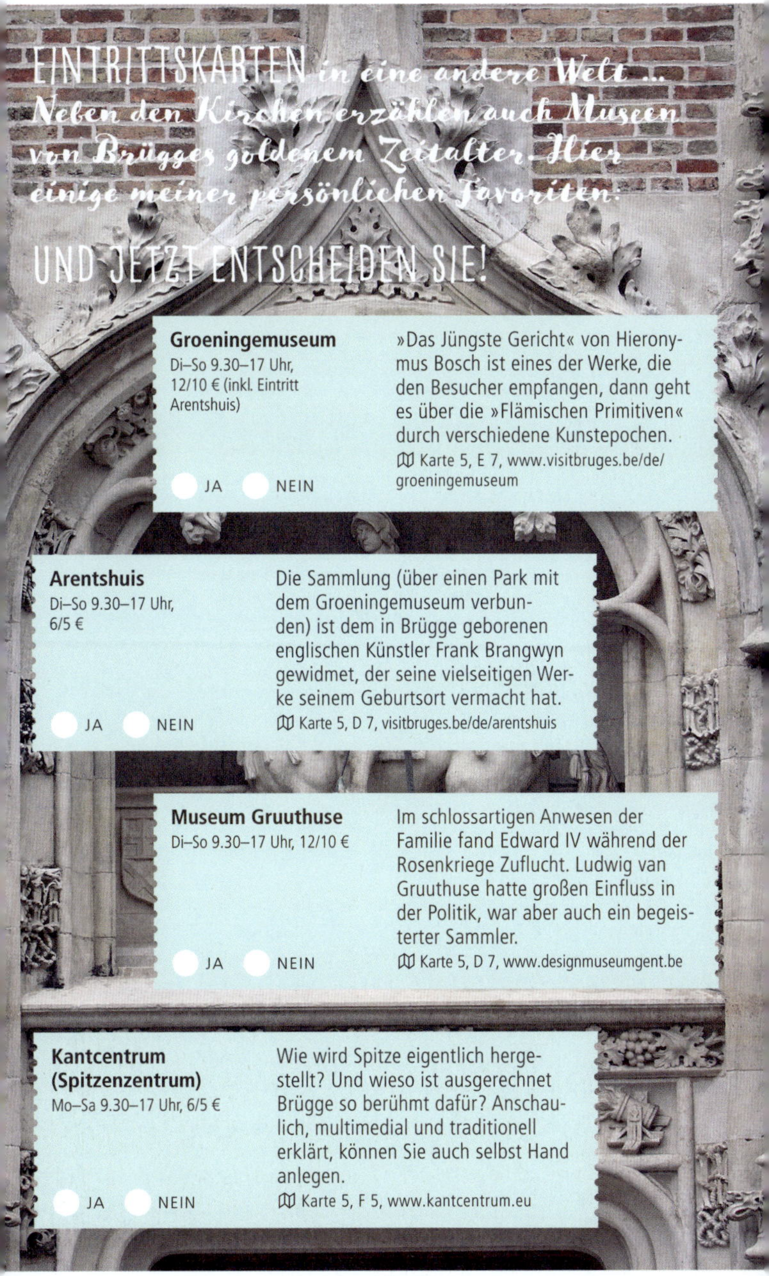

EINTRITTSKARTEN *in eine andere Welt ...*
Neben den Kirchen erzählen auch Museen von Brügges goldenem Zeitalter. Hier einige meiner persönlichen Favoriten:

UND JETZT ENTSCHEIDEN SIE!

Groeningemuseum
Di–So 9.30–17 Uhr,
12/10 € (inkl. Eintritt Arentshuis)

»Das Jüngste Gericht« von Hieronymus Bosch ist eines der Werke, die den Besucher empfangen, dann geht es über die »Flämischen Primitiven« durch verschiedene Kunstepochen.
Karte 5, E 7, www.visitbruges.be/de/groeningemuseum

JA NEIN

Arentshuis
Di–So 9.30–17 Uhr,
6/5 €

Die Sammlung (über einen Park mit dem Groeningemuseum verbunden) ist dem in Brügge geborenen englischen Künstler Frank Brangwyn gewidmet, der seine vielseitigen Werke seinem Geburtsort vermacht hat.
Karte 5, D 7, visitbruges.be/de/arentshuis

JA NEIN

Museum Gruuthuse
Di–So 9.30–17 Uhr, 12/10 €

Im schlossartigen Anwesen der Familie fand Edward IV während der Rosenkriege Zuflucht. Ludwig van Gruuthuse hatte großen Einfluss in der Politik, war aber auch ein begeisterter Sammler.
Karte 5, D 7, www.designmuseumgent.be

JA NEIN

Kantcentrum (Spitzenzentrum)
Mo–Sa 9.30–17 Uhr, 6/5 €

Wie wird Spitze eigentlich hergestellt? Und wieso ist ausgerechnet Brügge so berühmt dafür? Anschaulich, multimedial und traditionell erklärt, können Sie auch selbst Hand anlegen.
Karte 5, F 5, www.kantcentrum.eu

JA NEIN

Bier, Pommes und Pralinen

Nicht nur Kunstmuseen gibt es in Brügge, auch die beliebtesten Exportschlager Belgiens haben jeweils ihr eigenes Museum, und so manch eines ist lehrreicher als man denkt. Natürlich gibt es dazu auch noch zahlreiche frei zugängliche Shops, die jeweils das Beste der Produkte zu verkaufen versprechen.

Weg mit den Vorurteilen!

Biermuseum – Bruges Beer Experience 🕮 Karte 5, D 6

Wussten Sie, dass Michael Jackson ein Bierguru war? Nein? Dann erfahren Sie es beim interaktiven Quiz: Der hier gemeinte Bierexperte Michael Jackson trug mit seinen Büchern dazu bei, das belgische Bier weltberühmt zu machen. Auch das Ammenmärchen »Bier ist reine Männersache« wird wissenschaftlich widerlegt. Zum Ende des Besuchs können Sie in der schönen Museumsbrasserie Ihr neues Wissen in die Praxis umsetzen. Die Brasserie ist übrigens auch ohne Ausstellung frei zugänglich.

Breidelstraat 3, http://mybeerexperience.com/de, tgl. 10–18.30 Uhr, 16 € (mit 3 Bierproben), 10 € (ohne Bierprobe), Kinder 5–12 J. 6 €, Familienticket 24 € (ohne Bierprobe), 36 € (mit Bierprobe)

Unter dem Halbmond

De Halve Maan 🕮 Karte 5, D 8

Die klassische Brügger Brauerei: Hier werden das berühmte Brugse Zot und das Straffe Hendrik gebraut. Wegweiser führen entweder ins Paradies (Restaurant, Brauerei und Bar) – oder zum Ticketschalter, um eine Führung zu buchen (Achtung, teils steile Treppen!). Ein verlorener Sohn kehrte 2019 wieder in den Halve Maan zurück: das Brugs Tarwebier, ein Hefeweizen, das 2000 von Alken-Maes gekauft und unter dem Namen »Brugs« 2018 auf den World Beer Awards den Preis für das beste belgische Weizen gewann.

Walplein 26, www.halvemaan.be/de, So–Mi 10–18, Do–Sa 10–23 Uhr, Restaurant 12–15, 18–21 Uhr, Führung 12 € (11 € online), Kinder 6 € (5,50 € online)

Edler Tropfen

Bourgogne des Flandres
🕮 Karte 5, E 7

Auch bei der Brasserie Bourgogne des Flandres können Sie eine Führung buchen und damit auf einer der schönsten Terrassen der Stadt, mit Blick auf die Dijver und den Turm der Liebfrauenkirche, sitzen. Kennen Sie Lambic-Bier? Falls nicht, können Sie hier erfahren, was es mit diesem Produkt einer besonderen Gärung auf sich hat. Die Brauerei verspricht den »echten Geschmack von Brügge« und die Möglichkeit, Ihre Flasche zu personalisieren.

Karteuzerinnenstraat 6, www.bourgogne desflandres.be, Di–So 10–18 Uhr, Erwachsene 10,50 € mit Audioguide und »Bourgogne des Flandres«-Flasche

The place to be

2be Beerwall 🕮 Karte 5, E 7

Manche halten das 2be für das Biermuseum. Eine Wand mit 600 Biersorten und das Angebot an Bierprodukten und -proben (16 verschiedene Sorten vom Fass!) erklären diesen Irrtum. Didaktisch geht es hier weniger zu – angehende Cythologen können dafür aber mit Blick auf den Rozenhoudkaai eine nicht enden wollende Vielzahl an Bieren probieren und prüfen, ob sie an der »Angst vor dem leeren Glas« leiden – »Mood drinking« und »Mood shopping« lautet die Devise.

Wollestraat 53, www.2-be.biz, Mo, Di, Do–So 10–19.30, Bar am Wochenende bis 20 Uhr

Wie werden eigentlich Pralinen gemacht? Bei Choco Story können Sie es live miterleben.

Belgisches Gold

Frietmuseum Karte 5, D 5/6
Hier dreht sich alles um die Kartoffel, von ihren Ursprüngen bis zu ihrer Verarbeitung in das, was viele Belgier als Gemüse ansehen. Kinder können mit Kartoffel Mieke auf ihre eigene Entdeckungsreise gehen. Neben einer der Reisereportagen von Pater Labat aus dem Jahr 1722 werden historische Ereignisse wie die Hungersnot in Irland veranschaulicht, belgische Fritten-Comics gezeigt und dazu erklärt, warum die French Fries tatsächlich eine belgische Erfindung sind. In der Saaihalle, im Mittelalter Sitz der Genueser Liga (▶ S. 88), sind zudem schöne Vintage-Frittenbudeneinrichtungen zu besichtigen.
Vlamingstraat 33, www.frietmuseum.be, tgl. 10–17, letzter Einlass 16.15 Uhr, Erwachsene 7 €, ermäßigt 6 €, Kinder 6–11 J. 5 €

In der Bar zum Krokodil

Chocolate Jungle Karte 5, D 5/6
Direkt neben dem Frittenmuseum ist die Bar Chocolate Jungle zuhause. Alte Inka-Tafeln (nein, nicht original!) zieren die Wände, eine Riesenkobra (auch nicht echt) zeigt ihre furchterregenden Zähne. An der Bar gibt es die Spezialität der Azteken mit einer Vielzahl kombinierbarer Gewürze, dazu die heiße Schokolade, die im 17. Jh. im Salon der Madame de Sévigné getrunken wurde, und natürlich auch die echte belgische Trinkschokolade mit vier verschiedenen Schokoladentypen und einer Praline als Beigabe. Wem nicht nach Schokolade zumute ist, der kann tropische Smoothies trinken und dazu Waffeln, Crêpes oder Muffins genießen.
Vlamingstraat 31, www.chocojunglebar.be, Di–So 11–18 Uhr

Von Wein zu Schokolade

Choco Story Karte 5, E 5/6
Wissenschaftlich erforschen kann man das »braune Gold« im Schokoladenmuseum, das von der gleichen Trägergesellschaft wie das Frittenmuseum geführt wird. So ist denn auch die Ausstellung ähnlich aufgebaut: Man erfährt alles über die Geschichte der Schokolade und auch das Gebäude ist historisch: Das Haus De Croon wurde 1480 errichtet und ursprünglich befand sich darin eine Weinstube. Der Name der Straße erinnert noch immer an die Winzervergangenheit.
Wijnzakstraat 2, www.choco-story.be, tgl. 10–17, letzter Einlass 16.15 Uhr, Erwachsene 7 €, ermäßigt 6 €, Kinder 6–11 J. 5 €

I can get my satisfaction

Chocolate Line Karte 5, D 7
Erinnern Sie sich an die Antwerpener »Chocolate Line« im Paleis op de Meir (▶ S. 19)? Ein wenig außerhalb von Brügge steht die Manufaktur von Dominique Persoone, Rockstar unter den Chocolatiers. Besichtigen kann man die Fabrik nicht, dafür wird in der Brügger Filiale über Geschichte und Forschung von Chocolate Line berichtet. Von »Back to black« bis »Satisfaction« haben viele der Kreationen musikalische Bezüge, Matcha, Saké und Fried Onions kitzeln den Gaumen, und der von Dominique wieder hervorgekramte »Chocolate Shooter«, eine Art Schokoladen-Schnupftabak-Maschine, wurde zum ersten Mal bei einer Geburtstagsfeier der Rolling Stones vorgestellt!
Simon Stevinplein 19, T 050 341 090, www.thechocolateline.be, Di–Sa 9.30–18.30, So–Mo 10.30–18.30 Uhr

Pause. Einfach mal abschalten

Sie können, müssen aber nicht unbedingt ans Meer fahren, um abzuschalten (▶ S. 94). Neben dem Begijnenhof und dem Minnewatersee kann man auch an manch anderen Orten in Brügge zur Ruhe kommen. Wie wäre es zum Beispiel mit einem Urlaub im Karmel Sarephta?

Welche Alkoven?
Koningin Astridpark
Karte 5, E/F 7
Mitten im Zentrum und doch grün und ruhig, haben die »Alkoven« den Koningin Astridpark im Film »In Bruges« berühmt gemacht. Wenn Sie nun nicht wissen, was damit gemeint ist: Meditieren vor dem Musikpavillon oder den Kindern auf dem Spielplatz zuschauen kann man auch, ohne den makaber-komischen Film zu kennen.
Stalijzerstraat 11

Auf den Reien
Bootsfahrt auf den Kanälen
Karte 5, D 7
Einen ganz anderen Blick auf Brügge bekommt man bei einer Bootsfahrt auf den Kanälen, die in Anlehnung an den alten Brügger Fluss »Reien« heißen. Die Fahrt dauert eine halbe Stunde, im Sommer sind in der Regel alle Boote voll (dann am besten früh kommen!) – im Winter wird der Dienst wetterabhängig nur samstags und sonntags angeboten und man muss manchmal warten, bis genug Fahrgäste zusammenkommen. Aber das Wasser wirkt beruhigend, egal wie belegt das Boot auch sein mag.
Anlegestelle Bootexcursies Gruuthusestraat, Nieuwstraat 11 (gegenüber vom Arentshuis/Dijver), www.boottochten-brugge.be, März–Nov 10–18 Uhr

B
BEWEGUNG

Kutsche: Sich mit der Kutsche durch Brügge chauffieren zu lassen, hat Tradition, aber auch seinen Preis: 30 Min. für max. 5 Erwachsene kosten 50 € (www.hippo.be).
Fahrrad: An zahlreichen Fahrradverleihpunkten in der Stadt, z. B. am Concertgebouw oder bei Koffiebontje am Belfried, können Sie ein Fahrrad mieten (https://www.visitbruges.be/de/verken/fietsverhuurpunten).

Entlang den Brugse Vesten
Brügger Stadtwälle und Mühlen
Brügge ist nicht nur durchzogen von Kanälen, sondern wird auch umgeben von dem ehemaligen Stadtwall, der heute die grüne Lunge der Stadt ist. Vier Stadttore, vier Windmühlen und ein kleiner Yachthafen sind entlang dieser »Brugse Vesten« angelegt, vom Minnewaterpark im Kreis zunächst die Tore Gentpoort (Karte 5, F 8), die Kruispoort (Karte 5, G 5), die Ezelpoort (Karte 5, B 4) und die Smedenpoort (Karte 5, B 7). Die Gentpoort beherbergt ein Museum, in dem man auch mit Hilfe einer Wii nachempfinden kann, wie die Verteidigungsanlagen funktioniert haben. An der Kruispoort wird es fast holländisch: Vier Windmühlen stehen hier in einer Reihe. Schon seit Ende des 13. Jh. zieren Mühlen den Brügger Stadtwall, wobei die heutigen nicht immer an dieser Stelle standen: Die Sint-Janshuismolen (Karte 5, G 4), mahlt auch heute noch Korn, steht als einzige seit 1770 nach wie vor auf ihrem ursprünglichen Platz und kann auch als einzige noch besichtigt werden. Die Koeleweimolen (Karte 5,

Der Weg von Brügge nach Damme geht malerisch am Kanal entlang.

nördl. F 3) aus dem Jahr 1765 war bis vor Kurzem öffentlich zugänglich – sie wurde 1996 in der Nähe der früheren Dampoort neu aufgebaut. Bunter Vogel ist der Nieuwe Papagaai (🕮 Karte 5, G 3), eine rot angestrichene ehemalige Ölmühle von 1790, die 1970 an ihrer jetzigen Stelle platziert wurde. Die weiße Bonne Chièremolen (🕮 Karte 5, G 5) wurde 1844 gebaut, 1876 nach Brügge verkauft, bei einem Sturm 1903 teils in den Kanal gespült und 1906 an ihrem jetzigen Standort aufgestellt.

Gentpoort, Gentpoortvest, Di–So 9–12.30, 13.30–17 Uhr, 4 €, ermäßigt 3 €, bis 17 J frei.

Sint-Janshuismolen, Kruisvest, Di–So 9–12.30, 13.30–17 Uhr

Meditieren in der City
Karmelitenklooster Sarephta

🕮 Karte 5, C 5

Am Ende der Ezelstraat, die mit Boutiquen und Cafés ein wenig abseits der Touristenmassen schon eine Entspannung an sich ist, steht das von Wasser umgebene Stadttor Ezelpoort. Ruhe findet man in der Ezelstraat aber auch an einem anderen Ort: im Karmelitenklooster. Dieses entstand im 17. Jh. und wird heute als Gästehaus genutzt, in dem man meditieren, an der Liturgie teilnehmen oder sich vollkommen der Stille hingeben kann. Die ehemalige Bildungsstätte verfügt über 15 Zimmer und zwei Wohnhäuschen – WLAN gibt es trotzdem, und wer möchte, kann natürlich auch jederzeit während seines Aufenthaltes die Stadt besichtigen.

Ezelstraat 28, T +32 494 417 566, www.karmelsarephta.com, Besuchszeiten Mo–Sa 8–12, 14–18 Uhr

Malerisch und sozial
Godshuis Spanoghe und Vette Vispoort

🕮 Karte 5, D 8 und C 6

Ursprünglich als Almosenhäuser für Bedürftige angelegt, sind die Godshuiser aus heutiger Sicht malerische Wohnanlagen mit kleinen Häuschen und Grünflächen. In Brügge sind das Rooms Convent und das Godshuis Spanoghe Ruhepole inmitten einer Haupttouristenroute – versteckter liegt das Godshuis Vette Vispoort in der Moerstraat. Schauen Sie nur kurz hinein – es leben noch Menschen dort, die ebenfalls ihre Ruhe haben möchten. In der Vette Vispoort fühlt man sich am wenigsten als Eindringling.

Godshuis Spanoghe: Katelijnestraat 8

Rooms Convent: Katelijnestraat 21A

Vette Vispoort: Moerstraat 8–16

Till Eulenspiegels Geburtsort
Mit dem Dampfschiff nach Damme

🕮 Karte 5, nördl. G 3

»Lamme Goedzak«, der treue Begleiter von Thyl Ulenspiegel, nimmt Sie von Brügge mit nach Damme, dem Ort, wo der Schalk laut der flämischen Fassung des Till Eulenspiegel geboren worden sein soll. Die Geschichte wurde hier ein wenig abgewandelt, Charles de Coster hat seinen Helden in die Zeit des Freiheitskampfes der Flamen gegen die spanische Vorherrschaft versetzt, aber die literarische Bedeutung des 1867 verfassten Werkes ist nicht minder groß als die seines mittelalterlichen Vorbilds. Damme ist deshalb das flämische Bücherdorf, in dem es neben einem Thyl-Ulenspiegel-Museum auch zahlreiche Antiquariate gibt. Der Ort liegt 7 km von Brügge entfernt – wer möchte, kann entlang des Brügge-Sluis-Kanals auch hin radeln. Der Dampfer nimmt Sie (samt Fahrrad) mit zurück.

Lamme Goedzak, Noorweegse Kaai 31, Brugge, T 092 338 469, www.bootdamme-brugge.be, tgl. vom 1. April–30. Sept. Abfahrt von Brügge nach Damme um 12, 14, 16 und 18 Uhr. Abfahrt von Damme nach Brügge um 11, 13, 15 und 17 Uhr. Einfach 10 €/Kinder 9 €, hin und zurück 14,50 €, Kinder von 3–11 J. 11,50 €. Tickets werden auf dem Schiff verkauft.

Bleib doch noch!

Brügge lässt sich natürlich auch an einem Tag besichtigen, vor oder nach einem Ausflug ans Meer. Richtig erspüren kann man die Stadt allerdings erst, wenn die Touristenschwärme abgezogen sind und die Stadt zur Ruhe kommt. Wer in Brügge über Nacht bleibt und morgens durch die noch verschlafenen Gassen wandelt, entdeckt den Zauber von »Bruges la morte« und wie es sich anfühlt, hier zu wohnen.

Kein Glöckner, aber dafür Kakao

Hotel Notre Dame Karte 5, D 7

Einen Charme vergangener Zeiten, im positiven Sinne, versprüht das Hotel Notre Dame: Die Rezeptionsnische, die bordeauxfarbenen Wände, die Schwarzweiß-Portraits im Restaurantbereich und an der Wendeltreppe. Zum Restaurant gehört auch eine Chocolaterie, die damit wirbt, den besten Kakao der Stadt zu haben. Es stimmt!

Mariastraat 3, T 050 333 193, www.hotelnotredame.be, DZ ab 60 €

Hinterm Belfried

Martin's Brugge Karte 5, D 7

Näher am Belfried geht kaum. Über die Wollestraat geht es zur Nepomukbrücke und dem Rozenhoudkaai und über eine kleine Einkaufsgalerie bei »Bubbles at home« gelangt man direkt zu Heilig-Blut-Basilika und Burg. Das Martin's ist ziemlich groß und hat 22 neu gestaltete Zimmer – unbedingt eines von diesen wählen. Das Frühstücksbuffet bietet neben den Klassikern auch Detox-Wasser in mehreren Varianten und heiße Schokolade zum Selbermachen. Bei der gegenüberliegenden Brasserie Bourgogne des Flandres gibt es Ermäßigungen.

Oude Burg 5, T 050 445 111, www.martinshotels.com, DZ ab ca. 105 € (je nach Datum)

Im ehemaligen Hansehaus

Bryghia Karte 5, E 5

Das Bryghia ist in einem Teil des ehemaligen Oosterlingenhuises untergebracht. Heute ist von der einstigen Pracht des Gebäudes, das bis 1555 Sitz der Deutschen Hanse war und das der Maler Pieter Claeissens 1560 in seinen Sieben Wundern von Brügge einbaute, nicht mehr viel zu sehen – nur das über dem Tor angebrachte Wappen des Heiligen Römischen Reiches deutet noch auf den geschichtsträchtigen Ort hin. Im Inneren aber wurde der Glanz (fast) wiederhergestellt: Das familiengeführte Hotel wurde 2018 renoviert und ist nun klassisch-chic, ohne kitschig zu wirken.

Oosterlingenplein 4, T 050 338 059, www.bryghiahotel.be, DZ ab 95 €

Hotel zum Film

Relais Bourgondisch Cruyce Karte 5, E 7

Die »Dame an der Rezeption« heißt zwar nicht Marie und ist auch nicht schwanger, aber das Hotel aus »Brügge sehen und sterben« gibt es wirklich. Es ist leider etwas nobler als bei Ken und Ray, hat aber manchmal gute Angebote – und ist in jedem Fall an einer der malerischsten Ecken von Brügge, gegenüber dem Rozenhoudkaai, gelegen.

Wollestraat 41–47, T 050 337 926, www.relaisbourgondischcruyce.be, DZ ab 185 €

Sightseeing im Schlaf

Marcel Hotel & Café Karte 5, D 6

Jedes Zimmer im Marcel versetzt qua Fototapete an einen Brügger Ort: den Belfried, den Beginenhof, den Rozenhoudkaai, … Die Einrichtung ist modern und die Nähe zum Grote Markt perfekt.

Im Film »In Bruges« (»Brügge sehen … und sterben?«) spielt das Relais Bourgondisch Cruyce eine strategische Rolle. Ansonsten kann man hier eher teuer nächtigen.

Wer mag, kann auch nur im Café einkehren – bis 10.30 Uhr gibt es ein leckeres Frühstücksbuffet, Brunch muss vorher reserviert werden.

Niklaas Desparsstraat 7–9, T 050 335 502, www.hotelmarcel.be, DZ ab 85 €

Mehr als nur Geschwafel

Hotel BlaBla Karte 5, C 7

Nein, es sind nicht nur leere Worte: Das Hotel BlaBla ist wirklich nett, hell und modern eingerichtet und liegt zudem nahe an der Touristinfo im Concertgebouw. Praktisch, wenn Sie Ihren Koffer nicht quer durch die Stadt zerren wollen – und auch zum Shoppen und abends Weggehen ist die Lage ideal. Besonders gemütlich sind der Frühstücksraum und der kleine Hof mit Rosen und Hortensien.

Dweersstraat 24, T 050 339 014, www.hotelblabla.com, DZ ab 88 €

Komm zu Tisch!

Zunächst das Offensichtliche: Natürlich ist die Brügger Gastroszene in erster Linie auf Touristen ausgerichtet. Leider spiegelt sich das auch in den Preisen wider.

Wer dennoch in den traditionellen Gasthäusern z. B. am Huidenvettersplein oder in der Wollestraat einkehren möchte, sollte dies am besten zur Mittagszeit tun. Dann gibt es interessante Lunchangebote und es ist auch weniger erforderlich zu reservieren, als es besonders samstagsabends der Fall ist. Daneben gibt es immer mehr Cafés und Restaurants, die das zeitgemäße Brügge widerspiegeln, mit Coffeebar, Brunch & Co.

Perfekter Start

Blackbird Karte 5, D 5

Wenn eine ausgezeichnete Brunch-Auswahl (inklusive veganer Optionen und Tapas) auf ein schönes Dekor im Shabby-Chic-Stil trifft, kann eigentlich kaum etwas schiefgehen. Außer man hat nicht reserviert und bekommt deshalb keinen Platz – das Blackbird ist nicht riesig. Das Café ist am geschichtsträchtigen Jan-Eyck-Plein, dem ehemaligen Hafen von Brügge, gelegen – wer Glück hat, bekommt den Fensterplatz mit Blick auf das Maler-Denkmal. Besonders schön sind auch die kleinen Amsel-Tassen, die man zum Andenken am liebsten gleich mitkaufen möchte.

Jan van Eyckplein 7, www.blackbird-bruges.com, Mi–Sa 9–15, So 9.30–13 Uhr

Toast around the clock

That's toast! Karte 5, C 7

Toast essen ist langweilig, finden Sie? Das kleine Lokal in der Dweerstraat wird Sie eines Besseren belehren. Vom »all day breakfast plate« – British breakfast natürlich – bis zur vegetarischen Variante mit Spargel, Avocado und Co. sind die Kreationen spannend und lecker. Hier kann man den ganzen Tag wunderbar frühstücken.

Dweersstraat 4, T 050 688 227, www.thatstoast.com, tgl. außer Di 8–16 Uhr

Tradition verpflichtet

The Gulliver Tree Karte 5, D 6

Wohnzimmeratmosphäre am Kaminfeuer, gesunde Frühstücksangebote, leichte Lunches und leckere Kuchen – und das alles wenige Schritte vom touristischen Markt entfernt. Der Name des heimeligen Cafés kommt von (Ur-)Großmutter Mary-Ann Gulliver, die 1891 in England geboren wurde und einen Belgier geheiratet hat. Enkelin Anny und Urenkelinnen Janey and Jilly halten das geerbte Café durch die gemütliche (allerdings eher skandinavisch als englisch angehauchte) Tea-Time-Atmosphäre in Ehren.

Cordoeaniersstraat 4, T 050 731 516, www.thegullivertree.be, Mi–Sa 9–17 Uhr

Für Katzenfreunde

Puss and Books Karte 5, C 5

Ein globaler Trend ist auch bis nach Brügge gekommen: das Katzencafé. Die Bücher und die Pflanzen tun ihr Übriges, das Café gemütlich zu machen. Die Bedienung ist nett, der Kaffee super – wenn man nicht gerade eine Katzenallergie hat, ist es ein idealer Ort zum Entspannen.

Ezelstraat 35, http://pussandbooks.be, Mi–Fr 12–17, Sa/So 13–18 Uhr

Griechischer Wein 2.0

The Olive Tree Karte 5, D 6

Direkt mit Blick auf die (Seitenwand der) Tuchhalle sitzt man in diesem griechischen Lokal, das wenig mit den

Sirtaki-Restaurants der 80er-Jahre gemein hat. Auf dem Menü steht gesunde Kreta-Küche mit leckeren Fischgerichten, feinem Fleisch und auch vegetarischen und glutenfreien Optionen. Die Wände sind mit Baumstämmen verziert und – natürlich – in Olivgrün gehalten.
Wollestraat 3, T 050 330 08, www.theolivetree-brugge.com, Mo, Mi, Do 18–22, Fr–So 12–14, 18–22 Uhr

Platz für vegetarische Küche

De Plaats Karte 5, E 6
Ein Rind blickt einen hier nur von der Wandtapete an der Bar an. Ansonsten ist die Deko schlicht und dabei anheimelnd, die Bedienung zuvorkommend und die Gerichte so fein und originell, dass sie auch Nicht-Vegetarier überzeugen können. Vom libanesischen Kichererbseneintopf über die vegane Variante des flämischen »Stoofvlees« (mit Seitan) bis zum Raw Cake ist jeder Gang ein Geschmackserlebnis. Im Sommer verführt ein pflanzenbehangenes Schaufenster ein, hineinzuschauen. Unbedingt reservieren – dieser Platz ist auch bei Locals beliebt (und nicht teuer)!

Und jetzt noch auf ein Bier ins Cambrinus! Wer zudem gut essen will, kann das im zweiten Lokal der Brauerei tun.

Wapenmakersstraat 5, T 050 660 366, http://deplaats.be, Di–Fr 12–14 u. 18–21, Sa 18–21 Uhr, Hauptgerichte 13–17 €

Essen nach den Jahreszeiten

Réliva Karte 5, C 8
Das Réliva ist ein biologisches Restaurant, in dem nur auf den Tisch kommt, was die Saison gerade bietet. Zum Lunch gibt es allerlei tapas-große Gerichte zum Teilen oder aber einen Business-Lunch mit Vor- und Hauptspeise. Zum Dinner sind die Preise einfach verteilt: Ein Hauptgericht kostet 25 € (genau wie der Business-Lunch am Mittag), eine Vorspeise 17 € und ein Dessert 9 € – als Menu 39 €. Für alle Gerichte gibt es jeweils drei Optionen: vegetarisch, Fisch oder Fleisch, aber immer bio – logisch!
Goezeputstraat 6, T 050 331 307, www.reliva.be, Mo 18–21.45, Do 18–21.45, Fr–So 12–13.45, 18–21.45 Uhr, Di/Mi geschl.

Bier her!

Cambrinus Karte 5, E 6
Bei Cambrinus kann man nicht nur eine große Auswahl an Bieren probieren, sondern auch lecker und recht günstig essen. Achtung – es gibt zwei Lokale, die auch in unmittelbarer Nachbarschaft liegen: die Bierbrasserie Cambrinus (hierhin gehen, um etwas zu essen) oder das Bierproben-Café, in dem es kleine Tapas gibt (► S. 111). Besonders lecker ist das hausgemachte Brot mit Bierteig.
Brasserie: Philipstockstraat 19, T 050 332 328, www.cambrinus.eu, 11–23 Uhr, Lunch 15 €

Wirkt überzeugend

De Twijfelaar Karte 5, E 7
Bezweifeln Sie, dass Sie in Brügge kulinarisch auf Ihre Kosten kommen können? Dann ist »De Twijfelaar«, der Zweifler, vielleicht die richtige Adresse für Sie. Das Interieur ist künstlerisch-verspielt eingerichtet, traditionell und modern zugleich, die Kräuter werden vor Ort angebaut und auch alle anderen Zutaten sind lokal und saisonbedingt. Zum Ausklang des Abendessens wird hausgemachter Gin angeboten. Das »Sfeerbistro« – atmosphärische Bistro – ist in einem schönen Haus unterge-

bracht und zugleich auch Kunstgalerie mit tollem Oberlicht. Sind Sie immer noch am Zweifeln?

Eekhoutstraat 24, T 050 341 544, http://detwijfelaar.be, Mi–Sa 12–14, 18.30–21 Uhr (Küche)

Gott lebt und wohnt in Brügge

Pro Deo Karte 5, G 5

Urig und gemütlich ist's im Pro Deo, das alle klassischen belgischen Gerichte auf seiner Karte hat: von Moules&Frites bis Kroketten, Stoemp und Apfelkompott. Kleine verspielte Details in jeder Ecke, ein Hauch von Pub-Atmosphäre und gute Biere lassen keine Wünsche übrig, wenn es darum geht, echte flämische Küche zu entdecken. Die Karte verspricht »Soul Kitchen« und wird diesem Anspruch durchaus gerecht. Das Haus wird schon seit 1562 als Lokal genutzt!

Langestraat 161, T 050 337 355, www.bistroprodeo.be, 11.45–13.45, 18–21.30, Sa 18–22 Uhr, Menü 29 €

Jazzy à la belge

In den Wittenkop Karte 5, D 6

Die bordeauxrot gestrichenen Wände und alten Reklameschilder verbreiten eine heimelige Stimmung, die von der Musik im Hintergrund noch untermalt wird. Dazu gibt es typisch belgische und französische Küche, feine Fisch- und herzhafte Fleischgerichte (riesige Portionen!) und einen kleinen, gemütlichen Hinterhof, in dem man bei schönem Wetter sitzen kann. Reservierung erwünscht!

Sint-Jakobsstraat 14, T 050 332 059, www.indenwittenkop.be, Mo, Di, Do–Sa 12–14 u. 18–21 Uhr, Mi/So geschl., Lunch 18 €, Muscheln 26 €

Bühne frei für raffiniertes Gemüse

De Bühne Karte 5, D 7

Kunstvoll angerichtete Teller mit saisonalem Gemüse, viele vegetarische Optionen, aber auch beste Fleisch- und Fischgerichte werden in der »Bühne« herrlich in Szene gesetzt. Das feine, traditionell eingerichtete Restaurant liegt direkt an der St. Salvatorkathedrale. Reservieren ist ratsam.

Sint-Salvatorskoorstraat 6, T + 32 470 106 570, Mi–So 12–14.30 u. Di–Sa 18.30–20.30 Uhr, Menü des Tages 27 €

Brügge zum Mitnehmen

Neben Pralinen- und Bierläden (► S. 100) gibt es in Brügge auch einige Läden, die nette Kleider, Wohndeko und tolle Spielsachen für Kinder anbieten. Haupteinkaufsstrassen sind die Zilverstraat, die Steenstraat, die Zuidzandstraat, die Geldmuntstraat und die Noordzandstraat.

In letzterer finden Sie auch einige Bekannte aus Antwerpen und Gent wieder, zum Beispiel Who's that Girl, Juttu und Ginger, die weibliche Variante von Fred. Daneben gibt es auch echte Brügger Boutiquen, die dank »Handmade in Brugge« durch einen Stadtplan ausfindig gemacht werden können. Fragen Sie bei der Touristinfo (► S. 112) nach »Local Love« (sonst bekommen Sie den Plan auch in den angeführten Läden).

Eine Belgierin wird italienisch

Sarah Pacini Karte 5, C 7

In den 1980er-Jahren von Brigitte Barsin-Bertrand in Liège (Lüttich) gegründet, hat das Label »Sarah Pacini« mittlerweile fast Jil-Sander-artig die Modewelt erobert. Das Konzept ist ähnlich, die Preise jedoch weitaus erschwinglicher: minimalistische Mode, oft in Grautönen, für Frauen, die auf Komfort nicht verzichten möchten und dabei dennoch stilvoll sind.

Noordzandstraat 48, T 050 339 327, www.sarahpacini.com, Mo–Sa 10–18 Uhr

Mädels geben den Ton an

Twee meisjes Karte 5, C 5

Dieser Laden könnte so 1:1 auch in Antwerpen oder Gent stehen, ist aber original aus Brügge und deshalb auch in den Stadtplan »Handmade in Brugge« aufgenommen worden. Hier werden zwar keine Eigenkollektionen angeboten, dafür führen die zwei namensgebenden Mädels aber sorgfältig ausgewählte Marken, oft mit einem Vintage-Touch. Wer sich nicht entscheiden kann, hat immer noch den Online-Shop!

Sint-Jakobsstraat 61, T 050 331 661, https://tweemeisjes.be, Mi–Sa 11–19, Di/So 14–18 Uhr

Schuhwerk für den Herrn

Chris Vos Karte 5, C 6

Ob Thomas Gottschalk hier seine Schuhe her hat? Aussehen tun sie jedenfalls ein bisschen danach: elegant geformt und dabei doch schräg und bunt. Von jedem Paar gibt es maximal 15 Stück – und wenn Sie auf Nummer sicher gehen wollen, dass kein Zweiter mit Ihren Schuhen herumläuft, können Sie sich auch Ihr ganz persönliches Modell anfertigen lassen.

Noordzandstraat 15, T 050 610 288, https://chrisvos.be, Mo–Fr 11–18, Sa 10–18.30 Uhr

Feinste Spitzenwäsche

Sun Mae Karte 5, E 6

Wer sagt denn, dass es in Brügge nur Spitzendeckchen gibt? Auch feine Spitzendessous kann man hier kaufen – handmade in Brügge natürlich. Sun Maes Atelier versprüht den romantischen Charme alter Boudoirs in Paris oder Asien und falls gewünscht, fertigt die junge Designerin auch Kreationen nach Maß an.

Hoogstraat 25, T 050 347 834, http://sunmae.be, Di–Sa 14–18 Uhr

Spitzenmotiv

Serena Karte 5, D 8

Doch lieber die klassische Brügger Spitze? Dann gibt es keinen malerischer gelegenen Laden als Serena. Spitzendeckchen verzieren die auf den Kanal schauenden Fenster und Spitze gibt es auch für das Handtaschenformat. Wenn Ihnen die Auswahl nicht gefällt: Als Fotomotiv macht sich dieser direkt an der Brücke zum Memling-Museum und der Liebfrauenkirche befindliche Laden auch nicht schlecht!

Mariastraat 23, T 050 341 304, tgl. 9.30–18.30 Uhr

Der Deko-Laden von Brügge

Ark Van Zarren Karte 5, D 7

Ark Van Zarren ist für mich ein Muss bei jedem Brügge-Besuch: Hier gibt es die schönsten Schubladenknäufe, bunte Reklameschilder, romantische Kimonos und jede Menge Tassen und Haushaltswaren. Besonders schön ist das im Louis-XVI-Stil eingerichtete Zimmer mit Blick auf den Dijver. Ein idealer Zeitvertreib, wenn man gerade auf das nächste freie Boot für die Grachtenfahrt wartet. Der Laden liegt direkt an der Anliegestelle.

Nieuwstraat 9, T 050 337 728, www.arkvanzarren.be, Mo–Fr 10–18, Sa 9.30–18.30, So 11.15–18.30 Uhr

Schöner Wohnen

De Munt Karte 5, C 6

So könnte ein ideales Wohnzimmer sein: schicke Möbel, gemütliche Kaminecke, Blick ins Grüne. Diese Idylle gibt es … in einem kleinen Einrichtungshaus in Brügge! Um es wirklich perfekt zu machen, bieten die Inhaber auch noch Getränke an der Bar an.

Muntplein 2, T 050 332 571, www.munt2.be, Di–Sa 10–18 Uhr

Zum Kuscheln

The Bear Necessities Karte 5, D 7

Ein riesiger Teddybär erwartet die Besucher … und Knopfaugen blicken auch innen aus jeder Ecke. Der kleine Laden am Park zum Arentshuis und Groeningemuseum ist ein Traum für Bärenfans. Geschaffen wurde er von Maria Devliegher, der Margarete Steiff von Brügge. Ihr Mann steht hinter dem Tresen, während sie immer noch die Bären näht, repariert und zu (neuem) Leben erweckt.

Groeninge 23, T 050 341 027, http://thebearnecessities.be, Mi–So 10–17 Uhr

Erst Bier, dann tanzen

Alte Herbergen und ein modernes Konzertgebäude, Bierkneipen und Gin-Tempel, Jazz und Tango.
Für eine kleine Stadt hat Brügge ein doch recht abwechslungsreiches Nachtleben. Auch wenn traditionelle Etablissements überwiegen – szenige und überraschend alternative Orte gibt es hier ebenso, allen voran das Kulturzentrum »De Republiek«.

Tango in der Bierfabrik

»Milonga della Media Luna« in De Halve Maan Karte 5, D 8
Im Halve Maan kann man nicht nur etwas über Bier erfahren, sondern auch Tango lernen. Jeden dritten Sonntag im Monat findet im 2. Stock der Brauerei die Milonga de la Media Luna statt und bietet auch Einführungen für alle, die noch nicht mit dem Tango Argentino vertraut sind.

De Halve Maan, Waalplein 26, www.pasos debrujas.be, Milonga 17–22 Uhr, Einführung 15.15–16.45 Uhr, 8 €, Mitglieder 7 €

In der Gin-Küche

Brugse Gin Club Karte 5, E 7
Hier fühlt man sich, als sei man bei Freunden zu einer privaten Gin-Party eingeladen. Auswählen kann man aus hundert verschiedenen Sorten und Inhaber Edward nimmt sich die Zeit, für jeden Gast eine persönlich abgestimmte Kreation zu zaubern. Ein Himmel für Gin-Liebhaber und solche, die es werden wollen.

Jozef Suveestraat 19, T +32 472 628 243, www.brugseginclub.be, Fr 18–24, Sa 18–2, So 18–3 Uhr

Für den Abendblues

27Bflat Jazz&Blues Karte 5, D 6
In sehr schöner Atmosphäre kann man in diesem alten Herrenhaus Livekonzerten lauschen, dabei seinen Blick über den Garten schweifen lassen und auch eine »Partitur voll leckerer Gerichte« kosten. **Achtung:** Bei Redaktionsschluss war das Bflat gerade am Umziehen – am besten auf der Website nach den aktuellsten Angaben und der Agenda suchen.

Adresse 2019: Sint-Jakobsstraat 15, T +32 479 297 429, www.27bflat.be

Ältestes Gasthaus

Café Vlissinghe Karte 5, E 5
Das Vlissinghe ist die älteste Brügger Herberge – es gibt sie schon seit 1515 und sie eignet sich hervorragend, um ein Bier in traditioneller Atmosphäre zu trinken. Die Wände sind holzvertäfelt und mit alten Porträts verziert, der alte Kamin und die helle Holzdecke schaffen eine gemütliche Stimmung. Im Garten kann auch Boule gespielt werden. Auch freitags und samstags ist nur bis 22 Uhr geöffnet, aber dennoch perfekt, um die Nacht beginnen zu lassen.

Blekersstraat 2, T 050 343 737, www.cafevlis singhe.be, Mi–Sa 11–22, So 11–19 Uhr

Denkfabrik für Kreative

De Republiek Karte 5, D 6
Dieser »Knotenpunkt für innovative Stadtkultur« ist die Hausbasis von Handmade in Brussels und vielen anderen Projekten, allen voran dem Programmkino Cinema Lumière (in Belgien werden die Filme im O-Ton mit Untertiteln gezeigt). Mittags gibt es hier wechselnde Lunches mit lokal erzeugten Produkten, abends feine Gerichte und raffinierte Cocktails, die man je nach Wetter im Hof der alten Fabrik oder auf

den gemütlichen Sofas im Innenraum genießen kann.

Sint-Jakobsstraat 36, http://republiekbrugge.be, Mi–Mo 12–0 bzw. 12–2, Di 15–0 Uhr

Bierprobe

Cambrinus Karte 5, D 6

Zum Anbruch der Nacht eignet sich auch ein Bierchen bei Cambrinus. Das Café mit Bierprobe ist bis 23 Uhr geöffnet. Daneben gibt es auch ein Restaurant (► S. 107).

Bierproeverei: Philipstockstraat 7, T 050 332 328, www.cambrinus.eu, 11–23 Uhr

Kultur und Tourist Info

Concertgebouw Karte 5, C 8

2002, als Brügge europäische Kulturhauptstadt war, wurde das riesige neue Konzertgebäude mit Tausenden von Terrakotta-Ziegeln fertiggestellt. Es steht auf dem Platz, der den Beginn der Fußgängerzone markiert, ist gleichzeitig auch Sitz der Touristinfo und verwandelt sich abends in einen Ort, an dem man hochklassige Konzerte hören und erstklassigen Tänzern zuschauen kann. Die belgische Choreografin Anne Teresa De Keersmaeker tritt mit ihrem »Rosas«-Ensemble ebenso regelmäßig hier auf wie das belgische Nationalorchester.

't Zand 34, T 050 476 999 (Kulturinfo von In&Uit Brugge), www.concertgebouw.be

Die kleine Kneipe

't Brugs Beertje Karte 5, D 7

In einer kleinen Seitenstraße gelegen kann man an diesem Pub leicht vorbeigehen, und doch ist es eine Brügger Institution: Ganz klassisch, mit dunklem Holz und alten Werbeschildern an den Wänden, gibt es hier eine Auswahl von über 300 Bieren (kein Pils, nur belgische Biere!). Auch ein hauseigenes Bier ist dabei – mit Knuffelbärchen auf dem Etikett, denn das Bärchen hat der Kneipe ihren Namen gegeben.

Kemelstraat 5, T 050 339 616, www.brugsbeertje.be, So, Mo, Di, Do 16–0, Fr/Sa 16–1 Uhr

Kommt es von Bier oder von Bär? Beides passt im Brugse Beertje: Neben Bier gibt es hier auch jede Menge Teddys.

Hin & weg

Anreise

Mit dem Flugzeug
... Antwerpen: Luchthavenlei, T +32 328 565 00, www.antwerp-airport.be
... Brüssel: Vom Flughafen gibt es Zugverbindungen nach Antwerpen, Gent und Brügge (www.brusselsairport.be)
Mit der Bahn
www.b-europe.com/DE bzw. www.belgiantrain.be/de/; www.bahn.de
Mit dem Auto
... Antwerpen:
A12 oder E419 Brüssel-Antwerpen; **Parkmöglichkeiten** (gebührenpflichtig): Gedempte Zuiderdokken (gebührenpflichtiger Parkplatz am MUHKA); **Parkhäuser:** u. a. Parking Meir (Eiermarkt 33/35), Q Park (Lombardenvest 24 + Koningin Astrid Plein 21). Zusätzlich gibt es derzeit neun **P+R-Plätze** in und um Antwerpen (teilweise kostenlos), weiter mit öffentlichen Verkehrsmitteln: www.slimnaarantwerpen.be/de/auto-taxi/park-and-ride. Antwerpen ist eine **Umweltzone** (Kriterien: https://lez.antwerpen.be/?Taal=DE)
... Gent
E40 Brüssel-Ostende oder A17 Rijsel-Kortrijk-Brügge, Ausfahrt Gent-Zentrum. **Parkhäuser:** https://stad.gent/mobiliteit-openbare-werken/mobiliteit/parkeren/parkeergarages. In der gesamten Innenstadt Zone 30!
... Brügge
E40 Brüssel-Ostende oder A17 Rijsel-Kortrijk-Brügge (Ausfahrt 8 Richtung Brügge). Parkmöglichkeiten am Hauptbahnhof (Chantrellstraat 42–62), 't Zand 17, Parking Zilverpand (Zilverstraat 28). Die gesamte Altstadt ist eine riesige Fußgänger- und Kutschenzone.

Informationsquellen

Touristinfo
... Antwerpen: Grote Markt 13 und im Antwerpen-Central (Koningin Astridplein), T +32 (0)3 232 01 03, www.visitantwerpen.be
... Gent: Sint-Veerleplein 5, T +32 926 656 60, https://visit.gent.be
... Brügge: Markt 1/'t Zand 34/Stationsplein, T +32 (0)50 44 46 46, www.visitbruges.be/de

City Cards & Verkehrsmittel

Am detailliertesten entdecken Sie Antwerpen, Gent und Brügge zu Fuß. Deshalb starten alle Kapitel in diesem Reiseführer am jeweiligen Bahnhof und sind so angelegt, dass Sie auch ohne öffentliche Verkehrsmittel auskommen – bis auf das letzte, das speziell eine Fahrt mit der Küstenbahn der lokalen Verkehrsbetriebe De Lijn vorsieht. Falls Sie auch für die anderen Städte den öffentlichen **Nahverkehr** nutzen wollen, laden Sie am besten die App von De Lijn herunter (https://www.delijn.be/de).
City Card
Antwerp City Card: für Nahverkehr und städtische Museen, www.visitantwerpen.be/de/antwerp-city-card, 27/35/40 € für 24/48/72 Std., erhältlich in den Touristinfos
Gent City Card: alle städtischen Museen, Bootsfahrt mit der Rederij De Gentenaer und Gent-Watertoerist, 30/35 € für 48/72 Std., erhältlich in den Touristinfos, Hotels, teilnehmenden Museen und Verkaufsstellen von De Lijn.
Brügge: keine City Card, dafür bieten einige Hotels Rabatte bei Museen und Kultureinrichtungen an und die Musea Brugge gilt für städtische Museen (► S. 98).
Fahrräder, E-Bikes & E-Roller
An jedem der drei Hauptbahnhöfe in Antwerpen, Gent und Brügge, gibt es einen Fietspunt, an dem die blauen Stadtfahrräder Blue-bike abgeholt werden können. Die Jahresgebühr beträgt 12 €, die Fahrt pro Tag bis zu 3,15 €, und es können auch zwei Fahrräder gleichzeitig gemietet werden. Zunehmend gibt es

sie auch in der Elektroversion – und wenn gar nichts mehr läuft, kommt der Pannendienst (www.blue-bike.be).
Ohne Jahresgebühr, aber im Voraus mit Kreditkarte, gibt es …
… in Antwerpen: rote Fahrräder, www.velo-antwerpen.be
… in Gent: diverse Tandems, Falträder sowie Elektro-, Cargo- und Backfietsen, https://fietsambassade.gent.be
… in Brügge: verschiedene Fahrradverleihpunkte, unter anderem an der Touristinfo am Concertgebouw (B-Bike, 't Zand 34, 10–19 Uhr) oder direkt am Belfried bei Koffiebontje (Hallestraat 4, 9–22 Uhr), https://www.visitbruges.be/de/verken/fietsverhuurpunten
… in Gent und Brügge: elektrische Tretroller (deelsteps) von Troty können gemietet werden, 1 € Startgebühr, dann 0,15 Ct/Min., 6,50 €/Std., 39 €/24 Std. (einfach die App herunterladen: https://troty.be/)
Taxi
Antwerpen: www.antwerp-tax.be
Gent: www.taxigent.be
Brügge: www.brugge.be/taxi

REISEN MIT HANDICAP

Zum Thema Barrierefreiheit hat das flämische Verkehrsbüro eine ausführliche Webseite – die Informationen gibt es auch auf Deutsch und zusätzlich wird ein Video mit Übersetzung in Gebärdensprache bereitgestellt: www.visitflanders.com/de/barrierefreiheit/index.jsp?country=de_DE

GELDAUTOMATEN

Geldautomaten werden immer seltener – dafür steigt bargeldloses Bezahlen in Shops und Cafés. Die EC-Funktion der Mastercard heißt »Bancontact« (und wird oft als Synonym für »Mit der Karte zahlen« verwendet).

NOTFALL

Allgemeiner Notruf/Polizei/Feuerwehr: 112/113/115

SPRACHENFRAGE

Französisch oder Niederländisch? In Flandern ganz klar: Niederländisch! Offiziell zweisprachig ist nur die Hauptstadt Brüssel. Die Flamen sprechen dafür hervorragend Englisch – laut einer aktuellen Umfrage befinden sie sich weltweit auf Platz 5.

ZUGFAHREN – PRAKTISCH & GÜNSTIG

Antwerpen, Gent und Brügge liegen dicht beieinander. Von einer der Städte in die andere kommen Sie, je nach Verkehrsmittel, mehr oder weniger innerhalb einer Stunde. Am praktischsten geht dies mit dem **Rail Pass** der belgischen Bahn SNCB/NMBS – einem Fahrschein mit zehn Fahrten in der 2. Klasse, der insgesamt 83 € kostet (für 10–26 J. **Go Pass 10** für 53 €, auch online und per App erhältlich) und auch von mehreren Personen genutzt werden kann. Ein Jahr lang ist der Pass gültig. Wichtig ist, jede Fahrt pro Person einzutragen. Am Bahnhofsschalter und an den Automaten erhältlich. Der Rail Pass gilt in allen Zügen der belgischen Bahn SNCB/NMBS – auch in IC-Zügen, wobei es diese in einer schnellen und einer langsameren Variante mit Halt in kleineren Bahnhöfen gibt. Am besten die App der SNCB/NMBS herunterladen und nachsehen, wie viele Bahnhöfe angefahren werden (www.belgiantrain.be). **Und noch etwas:** Am Wochenende kann es mitunter günstiger sein, eine gewöhnliche Fahrkarte zu lösen – die Fahrt kostet dann nämlich nur die Hälfte des regulären Preises.

O-Ton Antwerpen, Gent, Brügge

Winkel

Geschäft (winkelen = shoppen gehen)

knap

gutaussehend

VERKOCHT

kein Kochunglück, sondern (leider) verkauft

verhuurd

etwas, das vermietet ist

Excuseer meneer/mevrouw

Entschuldigen Sie bitte (Herr/Frau – man ist sehr höflich!)

Tot ziens!

Auf Wiedersehen!

CADEAUTJE

»Geschenk« geht auch, aber so klingt es doch netter

gemakkelijk/gezellig

alles easy!/gesellig, gemütlich, einfach nett!

Koffie verkeert

Latte macchiato / Milchkaffee (je nach Café)

Alstublieft/Graag gedaan!

Bitte (In etwa »Aschü blifft« gesprochen)/Aber gern geschehen

Dank U / Dank U wel / Bedankt

Danke! (Gedankt wird mit einem ›Ü‹)

Das Klima im Blick

Reisen bereichert und verbindet Menschen und Kulturen. Wer reist, erzeugt auch CO_2. Der Flugverkehr trägt mit bis zu 10 % zur globalen Erwärmung bei. Wer das Klima schützen will, sollte sich – wenn möglich – für eine schonendere Reiseform entscheiden oder die Projekte von atmosfair unterstützen. Flugpassagiere spenden einen kilometerabhängigen Beitrag für die von ihnen verursachten Emissionen und finanzieren damit Projekte in Entwicklungsländern, die dort den Ausstoß von Klimagasen verringern helfen (www.atmosfair.de). Auch die Mitarbeiter des DuMont Reiseverlags fliegen mit atmosfair!

Abbildungsnachweis

AWL-Images, Whitchurch (GB): S. 78/79 (Terry Eggers); 55, 80 (Jason Langley); 84 (Ivan Vdovin)
Fotolia, New York (USA): Titelbild, Faltplan (arevhamb)
Patricia Fridrich, Brüssel: S. 30 u., 35, 41, 53, 56, 65, 75
Getty Images, München: S. 48, 77, 111, Umschlagklappe vorn (UIG/Arterra)
iStock.com, Calgary (CA): S. 51, 59, 67 (Javier García Blanco); 23 (Erik_V); 58 (Clinton Harris); 54 (isogood); 46/47 (J2R); 7 (JurgaR); 69 (David Howell Photography); 8/9 (pigprox); 27 (querbeet); 14 (Radiokukka); 26 (RossHelen); 4 u. (rusm); 12/13 (siraanamwong)
laif, Köln: S. 81 (Christophe Boisvieux); 64 (Christophe Vander Eecken); 96 (Jock Fistick); 37 (Miquel Gonzalez); 20, 22, 30 o., 87, 88, 101 (Robert Haidinger); 18 (Christian Kerber); 32 (Le Figaro Magazine); 15 (Reporters/F.Andrieu); 19 (robertharding/Christian Kober); 99 (robertharding/ProCip); Umschlagklappe hinten (robertharding/Francesco Vaninetti); 17 (Zenit/Jan-Peter Boening)
Mauritius Images, Mittenwald: S. 94 (age fotostock/Carlos Sánchez Pereyra); 33 (Alamy/Azoor Photo Collection); 120/6 (Alamy/Andrew Griffiths); 4 o. (Alamy/Kate Hockenhull); 73 (Alamy/Kim lequeux); 29 (Alamy/Michael Jacobs); 107 (Alamy/Peter Lane); 105 (Alamy/Stefano Ravera); 98, 103 (Walter Bibikow); 83 (Carlos Sánchez Pereyra)
picture-alliance, Frankfurt a. M.: S. 120/7 (akg-images/Erich Lessing); 49 (Artcolor/A. Koch); 86 (blickwinkel/D. Maehrmann); 120/1 (Eventpress Radke); 120/4 (Fine Art Images/Heritage Images); 120/3 (imageBroker/BAO); 120/2 (Jens Niering); 120/5 (NurPhoto/Jose Breton); 120/8 (Zuma Press/Armando Gallo)
Shutterstock.com, Amsterdam (NL): S. 91 (Sira Anamwong); 90 (Joaquin Ossorio Castillo); 63 (Thomas Dekiere); 43 (Alexander Kirch); 61 (Rudy Mareel); 85 (Parilov); 93 (SkandaRamana)
Wikimedia Commons: S. 120/9 (Vera de Kok/CC BY 4.0); 45 (Osi/CC BY-SA 3.0)
Zeichnungen S. 2, 3: Gerald Konopik, Fürstenfeldbruck
Zeichnung S. 5: Antonia Selzer, Lörrach

Kartografie

DuMont Reisekartografie, Fürstenfeldbruck

Umschlagfotos

Titelbild: Belgische Waffeln warten auf hungrige Passanten
Umschlagklappe hinten: Gebäude am Kanal in Brügge

Hinweis: Autorin und Verlag haben alle Informationen mit größtmöglicher Sorgfalt geprüft. Gleichwohl sind Fehler nicht vollständig auszuschließen. Alle Angaben erfolgen ohne Gewähr. Bitte schreiben Sie uns! Über Ihre Rückmeldung zum Buch und Verbesserungsvorschläge freuen sich Autorin und Verlag:
DuMont Reiseverlag, Postfach 3151, 73751 Ostfildern,
info@dumontreise.de, www.dumontreise.de

FSC
www.fsc.org
MIX
Papier aus verantwortungsvollen Quellen
FSC® C124385

1. Auflage 2020

Autorin: Patricia Fridrich
Redaktion/Lektorat: Melanie Wolfmeier
Grafisches Konzept: Eggers+Diaper, Potsdam
Printed in China

Kennen Sie die?

9 von 901 873 Menschen aus Antwerpen, Gent und Brügge

Milow

»Ayo, technology« wollte er nicht mehr benutzen, zumindest nicht im Song. Aber immerhin landete der in Antwerpen geborene Jonathan Vandenbroeck damit einen Nummer 1-Hit, der durch Europa ging.

Helmut Lotti

Musik wurde dem kleinen Helmut Lotigiers in die Wiege gelegt – sein Vater war Dirigent an der Genter Oper. In Deutschland ist Lotti vor allem in der Schlagerwelt bekannt, musikalisch ist er jedoch weit vielseitiger.

Maria von Burgund

Sie war die Großmutter Kaiser Karls V., ein großmütterliches Alter erreichte die Frau von Maximilian von Habsburg jedoch nie: Mit nur 25 Jahren starb sie an den Folgen eines Reitunfalls. Begraben ist sie in Brügge.

Peter Paul Rubens

Der Barockmaler wurde zwar in Siegen geboren, lebte und wirkte aber wie kaum ein anderer in der Geburtsstadt seiner Eltern, Antwerpen.

Romelu Lukaku

Der in Antwerpen geborene Fußball-Nationalspieler war einer der Stars der WM 2018. »Lukaku, Lukaku, Lukaku« war mit 4 Treffern ganz nah dran am Torschützen-König.

Gotye

Der Sänger wurde 1980 in Brügge geboren, zog aber zwei Jahre später mit seiner Familie nach Australien, wo er Jahre später mit »Somebody that I used to know« weltberühmt wurde.

Die Tolle Grete

Als »Dulle Griet« oder »Margot la Folle« begegnet man der Genter Volksfigur in vielerlei Form: als Gemälde von Brueghel, als Name einer Kneipe und als Kanone.

Matthias Schoenaerts

Als Schauspieler hat er es zum Oscar-Anwärter und bis nach Hollywood geschafft. Leben tut der Frauenschwarm aber nach wie vor in Antwerpen.

Griet Op de Beeck

Ihr Roman **Komm her und lass dich küssen** wurde u. a. ins Deutsche übersetzt. In die Handlung floss auch ihre Arbeit als Dramaturgin am Antwerpener Toneelhuis ein.